AIの未来から
ビジネス活用術まで

ChatGPT

について
佐々木俊尚先生に聞いてみた

佐々木 俊尚 監修

Gakken

はじめに

ChatGPT（チャットジーピーティー）が、世界を席巻しています。まるで生身の人間とやり取りしているかのように、ＡＩと自然な対話ができるようになって、一般の人々だけでなく技術者や研究者さえも驚いているほどです。

ＡＩの世界には、有名な**シンギュラリティ**という論争があります。日本語では「技術的特異点」という何だかよくわからない訳語が当てられていますが、ひと言で言えば「**２０４５年にはＡＩの知性が地球上の全人類の知性を超える**」という仮説です。米国の未来学者レイ・カーツワイルが２００５年にそう予測して以来、ずっと議論になってきました。

とはいえシンギュラリティ仮説は、ＡＩ研究者の多くが否定的でした。カーツワイルが考えている「人間の知性を超えるＡＩ」は汎用人工知能（ＡＧＩ）と呼ばれ、人間と同じような自意識や感情、豊かな知性を持つものと定義されています。しかし、そんなＡＩができる見通しは現実には立っていませんでした。これまでのＡＩの中心的なやりかたである「深層学習」は、あくまでも「人間にさえ見つけられない特徴や傾向を抽出できる」というシンプルな能力だけを持った特化型のＡＩで、ＡＧＩにはつながらないと考えられていたのです。

ところが、ＣｈａｔＧＰＴは、まるでＡＧＩのように振る舞います。人間と同じレベルの知的作業をこなしているように見えるのです。これはシンギュラリティの議論を再び巻き起こしており、「進化したＣｈａｔＧＰＴがシンギュラリティを実現するのではないか」と考える専門家も現れてきているようです。知人のＡＩ研究者に聞いてみると、びっくりすることにこんな返事が返ってきました。

「以前は深層学習の延長線にシンギュラリティは来ないはずだと考えていました。しかしＣｈａｔＧＰＴの高性能を目の当たりにして、気持ちは揺れ動いています。正直に言えば、**『ひょっとしたらシンギュラリティは起きるかも』**というぐらいにはなってきています」

とはいえ、まだ未来のことはわかりません。シンギュラリティ論争は、今後も続いていきそうです。

一方で、ＣｈａｔＧＰＴはシンギュラリティ論争をよそに、急速に社会に普及していきました。期待も大きく、２０２２年11月に公開してからわずか２カ月で利用者数が１億人に達し、世界を驚かせました。

技術者を中心に、たくさんのユーザーが、ＣｈａｔＧＰＴのさまざまな活用法にいま取り組んでいます。インターネットに蓄積された膨大な知識や情報を参照するだけでなく、英語の文章の添削をさせたり、テーマを与えて、小説や歌詞を書かせたり、会議の録音の文字起こしから議事要点をまとめさせたり、さらには人生相談の相手をさせたりなど、無数の試行錯誤がおこなわれているのです。

ＣｈａｔＧＰＴができることはまだ無限にあり、今後もたくさん発見されていくでしょう。**これが人間の従来の仕事を大きく変えていくことは間違いありません。**人間の仕事がある程度奪われていくのも、避けられないでしょう。特に重要なポイントは、これまでのＡＩやロボットが「単純な仕事」だけを担うと考えられていたのに対し、ＣｈａｔＧＰＴはより高度な仕事を代替していく可能性が高いということ。弁護士や小説家、建築家、教師、営業といった**最も人間らしい仕事までをも、ＣｈａｔＧＰＴが担ってくれるようになるかもしれないのです。**

とはいっても、過去にも産業革命やテクノロジーの進化によって、人間の仕事はさまざまに機械に移し替えられてきました。そのたびに人間は、より人間らしい新たな仕事を生み出して対応してきたという歴史的経緯があるのです。だからＣｈａｔＧＰＴに仕事を奪われたとしても、また新たな仕事が登場してくる可能性があります。

そしてもっと大事なのは、「仕事を奪う、奪わない」という二元論の対立に陥らずに、「**どのようにＣｈａｔＧＰＴに人間の仕事を支えてもらうか**」という互いのＷｉｎ-Ｗｉｎを探っていくことだと思います。ＣｈａｔＧＰＴは人間に対立する存在ではありません。あくまでも、私たちの仕事や暮らしをサポートしてくれる優秀な助手であるという価値観が大事なのだと思います。

佐々木俊尚

AIの未来からビジネス活用術まで
ChatGPTについて佐々木俊尚先生に聞いてみた

目次

第2章

すみません、イマイチ使いこなせないのですが…

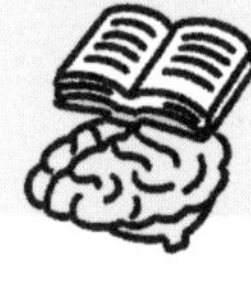

第3章 ChatGPTのしくみについてザックリ教えてください！

第4章 難しいことはさておき、ビジネス活用術が知りたい！

第5章 ChatGPTをもっと活用するためには？

第6章 生成AIによって未来はどこまで変わりますか？

ChatGPTは私たちにとって、敵か味方か？

ChatGPTが巷で大きな話題となっていますが、その魅力はなんなのでしょうか？　一方、ChatGPTが普及することでどんな問題が起きるのでしょうか？

OpenAIの使命は、汎用人工知能（AGI）が人類全体に確実に利益をもたらすようにすることです

ChatGPT誕生

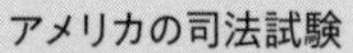

OpenAI CEO サム・アルトマン

アルトマンCEOの期待

ChatGPTを開発したOpenAIのサム・アルトマンCEOは、人間の知性に近い能力を持つ汎用人工知能が人類に利益をもたらす可能性に言及し、「新しいテクノロジーはまったく想像できない方法で私たちの生活を向上させ、人間の知能に近い人工知能がすべての製品に組み込まれることで人類の創造的な発信は何倍にもなる」と述べています

2022年11月のリリース以来、アメリカの研究機関OpenAI「ChatGPT」が世界中で大きな波紋を呼んでいます。なぜなら、ChatGPTというAIが、**予想以上のスピードで人間に近づいていることがわかったから**です。

その優秀さの例を挙げると、ChatGPTの最新のモデルである「GPT-4」にアメリカの司法試験を受けさせたところ、**人間の受験者の上位10%に匹敵するほどの成績を収めてしまった**のです。

ChatGPTの便利さ・メリットは？

さまざまな言語の翻訳、校正ができる

会話のキャッチボールができる

自然な文章を書くことができる

文章を要約できる

対話型AIがもたらす便利さ・メリットとは？

AIが人間同士のような会話を行うことができるようになれば、AIは私たちにとって「何でも相談できる相手」になることができるはずです。対話から新しいアイデアが生まれたり、対話によって思考が整理されたりといったことが人間とAIとの間で実現するでしょう

ChatGPTがAIとして画期的だったのは「**対話ができる**」ということでした。

これまでの対話型AIは、人間の音声を認識することはできても、本当の意味での会話のキャッチボールは不可能でした。

しかし、ChatGPTは、あたかも人間と話すような**自然な会話でも理解でき、自然な文章で答えを返してくれる**のです。

また、ChatGPTは文章生成が可能なAIで、人間が書くような文章を書くことができます。

ChatGPTの社会への良い影響とは？

生産性が向上

Excelの使い方を教えて欲しいんだけど…

はい。その場合は、こういう関数を入力すれば解決します

医療・福祉の向上

体温、脈拍、血圧ともに正常ですよ

私の健康状態はどうですか

教育の質の向上

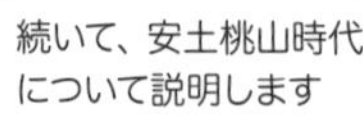

AIは私たちの社会にどんなメリットをもたらすのか

文章生成AIがビジネスの分野で導入されると、生産性の向上が至るところで見られるようになるでしょう。ChatGPTはExcelの使い方を熟知しているので、Excelが上手く使えないという人でもChatGPTに相談すればすぐに使えるようになります。また、AIがこのまま進化し続けていった場合、医療、福祉、司法、教育の分野の質が向上することが期待されています

ChatGPTが社会にもたらすであろう良い影響は、「**生産性の向上**」「**医療福祉の向上**」「**教育の質の向上**」などです。

文書やメールをＡＩが代筆してくれるようになれば、日常業務の生産性はグンと上がります。

また、一人暮らしの高齢者の「見守り」にＡＩを使ったり、画像認識ＡＩの活用によって医療の質が向上する可能性もあります。

教育の現場でも、ＡＩを使ったひとり学習によって教育格差がなくなるかもしれません。

ChatGPTの不便さ・デメリットは？

ChatGPTは間違った情報を平然と答える？

ChatGPTの元になっているGPTという大規模言語モデルは、2021年9月頃までにWeb上に存在していた情報を元に学習をしています。その情報を元に「確率的に正しそうな文章」を生成しています。そのため「誤情報」を、さも正しい情報であるかのように伝えてくることがあります。これをハルシネーション（幻覚）と言います

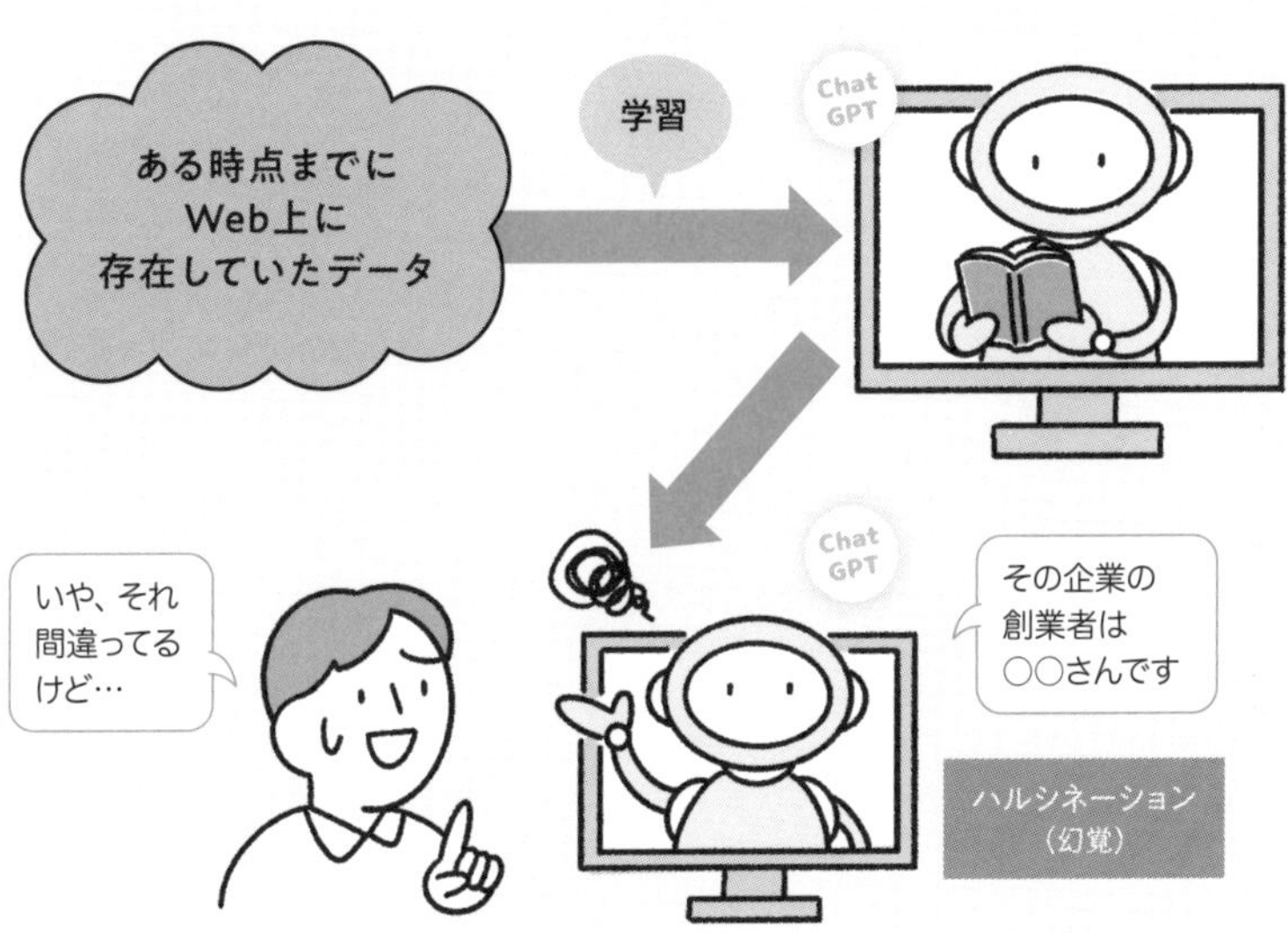

これまでの対話型AIとは一線を画すChatGPTにも、デメリットはあります。

　ChatGPTは、2021年9月頃までのインターネット上の情報を学習し、「**確率的に正しそうな文章**」を生成しています。

　インターネット上には誤情報やフェイクニュースも存在していますから、**ChatGPTの文章には間違った情報が混ざってしまう**のです。また、真実であるかのように平然と誤情報を伝えてくるので騙されてしまう人もいるでしょう。

ChatGPTの社会への悪い影響とは？

AIに仕事が
奪われる？

誤情報でWebが
汚染される？

学生が自分で文章を
書かなくなる？

ChatGPTが社会にもたらす悪影響とは？

ChatGPTをはじめとする生成AIは、人間がこれまでやってきた仕事もできてしまう可能性があります。それ以外にも誤情報がWeb上に蔓延してしまうリスクや、学生が自分たちで文章を書かなくなるといった現象が起きることが懸念されています

ChatGPTが社会にもたらすと考えられている悪い影響は、いくつかあります。

まず、ChatGPTはこれまで人間のやっていた一部の仕事ができてしまうので、**人間の仕事を奪う可能性がある**ことです。次に、誤情報やフェイクニュースがインターネット上にあふれてしまうリスクや、詐欺的な情報が犯罪に使われるリスクもあります。

また、学生たちがChatGPTを使って安易に論文やレポートを作成することも懸念されています。

ChatGPTは“産業革命”をもたらす？

ChatGPTは私たちに何をもたらすのか？

私たちの生活を一変させるような画期的な技術は、短期的には人々の職業を奪ったり、混乱をもたらすことがありますが、長期的には人類にさまざまな恩恵をもたらしてくれるはずです

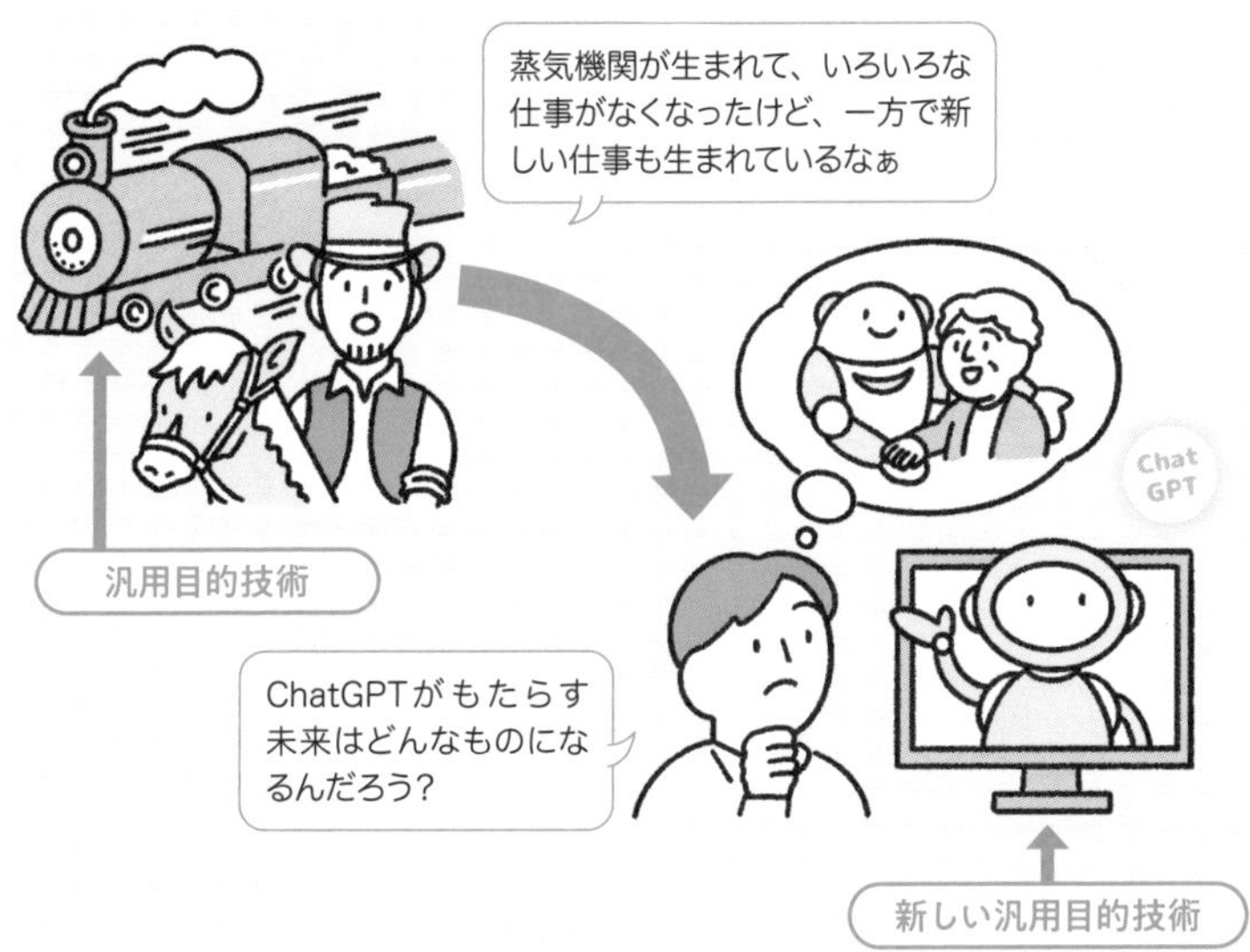

ChatGPTは、**次の汎用目的技術**になるのではないかと考えられています。

汎用目的技術とは、それ以前と以後では人類の生活が一変するような革新的技術のことを言います。例えば、蒸気機関、電力、コンピュータ、インターネットなどがそれです。

いずれも、その革新性から人々の仕事を奪うこともありましたが、**人類に多くの恩恵ももたらしてくれました。**ChatGPTも、そのような変化を私たちにもたらすかもしれません。

ChatGPTは魔法のツールでも悪魔のツールでもない

AIと共存できるかどうかは、自分たち次第?

ChatGPTをはじめとする生成AIが、私たち人類の生活を豊かなものにするかどうかは、私たち次第です。私たちがAIについて何も学ぼうとしないなら、AIがもたらす急激な社会の変化から完全に取り残されてしまうかもしれません

ChatGPTは魔法のツールでも悪魔のツールでもありません。**私たち人間を脅かす存在にも、助けてくれる存在にもなるもの**だと思います。

大切なのは、ChatGPTにできることや、ChatGPTが何をもたらすのかをしっかりと理解し、**AIと持続的に共存できる未来を作るために「活用」すること**だと思います。

人間とAIがともにより豊かな社会を実現するためにも、本書でChatGPTについて学んでいきましょう。

第 1 章

ChatGPTはなぜ、注目を集めているのですか？

2022年11月のリリース以降、世界中で注目を浴びているChatGPT。そもそもどういうものなのか、何がすごいのか、まずはChatGPTの基本について見ていきましょう。

そもそもChatGPTってなんですか？

POINT

圧倒的な情報量を学習しているからこそ、高度な文章を生成できるAI

インターネット全体を対象に学習したAI

ＣｈａｔＧＰＴは、サンフランシスコを拠点とするＡＩを専門とした非営利研究機関ＯｐｅｎＡＩが２０２２年11月30日にリリースした対話型ＡＩです。

ＡＩにも様々な種類がありますが、ＣｈａｔＧＰＴはその中でも「**生成ＡＩ**（**Generative AI**）」の一種です。生成ＡＩは、膨大なデータを元に学習・訓練を行い、そこから新たなテキストなどを生み出すことができるＡＩです。

また、ＣｈａｔＧＰＴは、ＩＴやＡＩの分野では**大規模言語モデル**（**ＬＬＭ**）とも呼ばれています。ＡＩに大量のデータを読み込ませ、そこに存在するパターンを学習させることを「機械学習」と呼びます。従来のＡＩではエンジニアがデータを用意して、それをＡＩに読み込ませて学習させていましたが、そのデータはせいぜい数万から数百万程度のものでしかありませんでした。

ところが、ＬＬＭはインターネット全体のデータを対象に機械学習を行うことができるため、より高度な文章作成と文章予測が可能になったのです。

ＣｈａｔＧＰＴは対話型ＡＩと呼ばれているように、人間と対話することが可能です。さながら人間と会話しているかのような文章を生成することができ、返答します。人間と同じような知性を持っているＡＩのことをArtificial General Intelligence（ＡＧＩ）と呼びますが、ＣｈａｔＧＰＴは、まさに**ＡＧＩとなる可能性を秘めたＡＩ**と言えるでしょう。

お答えしましょう!

ChatGPTは、人間相手に会話しているかのような文章を生成することができる「対話型AI」です。

■ ChatGPTって何?

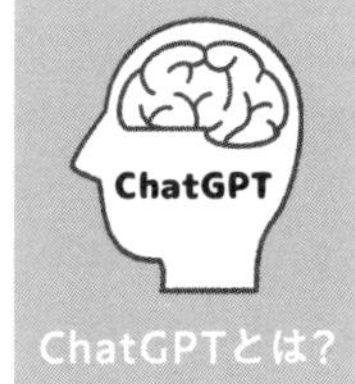

＝ 人間同士が会話しているような感覚で文章を生成してくれるAI

■ ChatGPTがブームになった背景

OpenAI

2022年11月30日
リリース

たったの5日で全世界ユーザー数が100万人を突破!

KEYWORD

大規模言語モデル……英語ではLarge Language Model (LLM)。従来の言語モデルと比べ、より高度な予測や文章生成が可能になった。

ChatGPTの基本 2

ほかの対話型AIとどう違うのですか？

POINT

SiriやAlexaは想定問答集の範囲を超えた質問には答えられなかった

従来のAIには不可能だった真の対話が可能に

ChatGPTの登場以前にも、対話型AIは存在していました。その代表的な存在がアップルのSiri（シリ）とアマゾンのAlexa（アレクサ）です。これらも、人間と対話をすることが可能ですが、ChatGPTとはどのような違いがあるのでしょうか。

SiriやAlexaを使ったことがある人ならわかると思いますが、**従来の対話型AIは「連続した会話」が得意ではありませんでした。**従来型は、あらかじめ想定されたルールベースと呼ばれる問答にしか対応できない、単純なAIだったためです。そのため、その想定問答集から外れた質問をされると、とたんに何もわからなくなってしまうのです。

また、従来の対話型AIは、質問に対して一度しか回答を提供できず、文脈を理解して以前の回答を訂正することができませんでした。また、追加の質問への適切な回答もできませんでした。

しかし、ChatGPTは、そういった従来の対話型AIにはできなかったことを実現しました。その場に応じた新たな答えを生成することができ、再度質問をしてもこちらの文脈を理解して、違う返事を返してくれ、以前の自分の回答を訂正してくれさえするのです。

これらを可能にしたのが、インターネット上の膨大なデータです。このデータのおかげで、ChatGPTは、その時々の**会話の文脈に合わせた答えを「生みだす」ことができる**のです。

\ お答えしましょう! /

ChatGPTは想定問答集の範囲を超えて、文脈にあった最適な答えをその場で生み出すことができます。

■ ChatGPTと従来型AIとの違いは?

従来型AI

アマゾンのAlexaや、アップルのSiriなどの従来型AIは、あらかじめ想定された質問に対して用意された回答しかできませんでした。そのため、少し複雑な質問になると答えが返ってこないこともよくありました

ChatGPT

ChatGPTは、インターネット上にある膨大なデータを学習することにより、その時々の会話に合わせた「新しい回答」を作り出すことができ、また、その会話を連続させていくことが可能です

KEYWORD

ルールベース …… 人間によって作られたルールや判断基準に基づいて動くこと。そのメカニズムで動くAIを「ルールベースAI」と呼ぶ。

対話だからこそ得られるメリットって何ですか？

お答えしましょう!

ブレーンストーミングや雑談をすることで、新しいアイデアや気づきを得ることができます。

■ 対話だからこそ得られるメリットとは？

ChatGPTを百科事典のように使うのは、実はあまり向いていません。対話することによって得られるメリットを知りましょう！

対話

❶1人でも雑談やブレーンストーミングができる

❷新しい気づきを得られる

❸思考が整理される

POINT

ChatGPTを百科事典のように使うことはおすすめできない

対話することでしか得られないものがある

ChatGPTは、何を質問しても答えを返してくれるので、何でも知っている百科事典的な存在だと感じる人もいるかもしれません。しかし、**ChatGPTを百科事典のように使うのは、おすすめできません。**

ChatGPTはインターネット上にある膨大なデータを元に学習していますが、そもそもインターネット上のデータには必ず間違いが含まれているからです。OpenAIがそう

お答えしましょう!

人間同士の自然な対話のようなコミュニケーションで正解に近づいていけることです。

■ ChatGPTが検索エンジンよりも優れている点は?

検索エンジンの場合

キーワードの使い方によって自分が求めている答えを得るまでに時間と労力が必要になる場合があります

ChatGPTの場合

ChatGPTは対話形式によるAIなので、一度投げかけて返ってきた答えに対して、「○○についてもっと詳しく教えて」とか「別の答えはありませんか」など、再度質問を投げかけることで、こちらが求めている答えにたどり着きやすいという特徴があります

KEYWORD

ビッグワード……インターネット上で多く検索されているキーワード。車、病院、仕事など抽象度が高く、検索すると膨大な検索結果が表示されるような言葉。

なぜ無料なんですか？ 有料版との違いは？

お答えしましょう！

世界中から幅広いフィードバックを集めようとしているからだと考えられます。

■ ChatGPTの無料版と有料版の違いは？

無料版	有料版　月額20ドル
GPT-3.5を元に開発。無料でもほとんどの機能を使うことができますが、アクセスが集中している混雑時などにはログインができなくなったり、応答速度が遅くなったりします	GPT-4の使用が可能。アクセスが集中している混雑時でもログインができ、対話の応答速度が速くなり、新しい機能が導入された際に優先的に使うことができます

OpenAIは現在営利を追求している

ChatGPTの開発元であるOpenAIは、元々、非営利のAI研究団体としてスタートしましたが、現在、**OpenAIは営利を追求しています。**有料プランの「ChatGPT Plus」が提供されていますが、ChatGPT自体は無料でも使うことができます。

　無料版と有料版の違いは、まず、無料版ではアクセスが集中すると、ログインができなくなったり、ChatGPTの応

POINT
元々は非営利のAI研究団体だったが現在は営利団体に

■ ChatGPTの始め方は簡単!

無料で
アカウントを登録

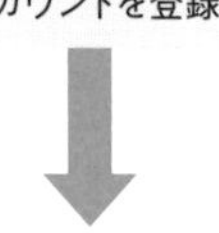

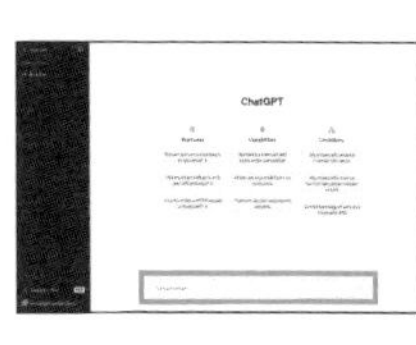

画面下の入力欄に
質問をテキスト入力
（詳しくは58ページ参照）

ChatGPTの使い方はいたって簡単。アカウントを登録して、質問を入力するだけです。新しい質問をしたい場合は「+New Chat」を押すだけ

答速度が遅くなったりします。また、無料版では文章の生成量や回数に一定の制限が課されているようで、連続して使用していると「時間を置いて使用してください」というメッセージが表示されることがあります。

有料版なら混雑時でもスムーズ

　しかし、有料版に加入すれば、混雑時でも問題なくログインができ、応答速度も遅くならず、連続使用を控えてくださいというメッセージも表示されません。また、有料版は、GPT-4（72ページ参照）が使用できます。また、新機能が搭載される場合に、優先的にアクセスできる権利が付与されます。

　ChatGPTが無料で提供されている理由は、おそらくChatGPTの性能向上のために無料で公開して、**全世界から幅広くフィードバックを得よう**としているからではないかと考えられています。

KEYWORD

フィードバック……サービス、商品、行動などに対する口頭や文章で行う指摘や評価。質の向上、問題の解決などを目的に行われる。

6 ChatGPTはどんな情報を元に学習したのですか？

膨大な量のWeb上の情報を元に学習した

ChatGPTは、LLMと呼ばれるAIの1つです。**LLMは脳の神経回路のようなニューラル・ネットワークで構成されており、**インターネット上に存在する膨大なデータを深層学習や強化学習と呼ばれる方法（78ページ参照）で学習することで、自然な会話テキストの生成が可能になっています。

ただし、ChatGPTは、**インターネット上の情報をリアルタイムで参照しているわけではありません。**ChatGPTで使われているのは、2022年初頭にトレーニングを終えたGPT-3.5と呼ばれるモデルなので、**その時点までにインターネット上に存在していた情報しか参照できない**のです。ちなみに、ChatGPTに質問すると「2021年9月までの情報を元に学習しています」という答えが返ってきます。

また、ChatGPTはインターネットを検索してテキストを生成しているのではなく、コモン・クロールと呼ばれるデータセットを用いています。コモン・クロールとは、インターネット上の文書や画像などを自動的にデータベースにしたもののこと。それに加え、ChatGPTはウィキペディアや一部のオフライン情報も学習していると言われています。

ChatGPTが学習したデータの総量は、不適切な情報を除外するフィルタリングをする前で45テラバイト、フィルタリングされた後で約570ギガバイトから960ギガバイトにもなると言われています。

POINT
ChatGPTは学習を終えた時期以降の情報には疎い

お答えしましょう!

ChatGPTは、2021年9月頃までにWeb上に存在していた情報を元に学習しています。

■ ChatGPTは何を学習したのか?

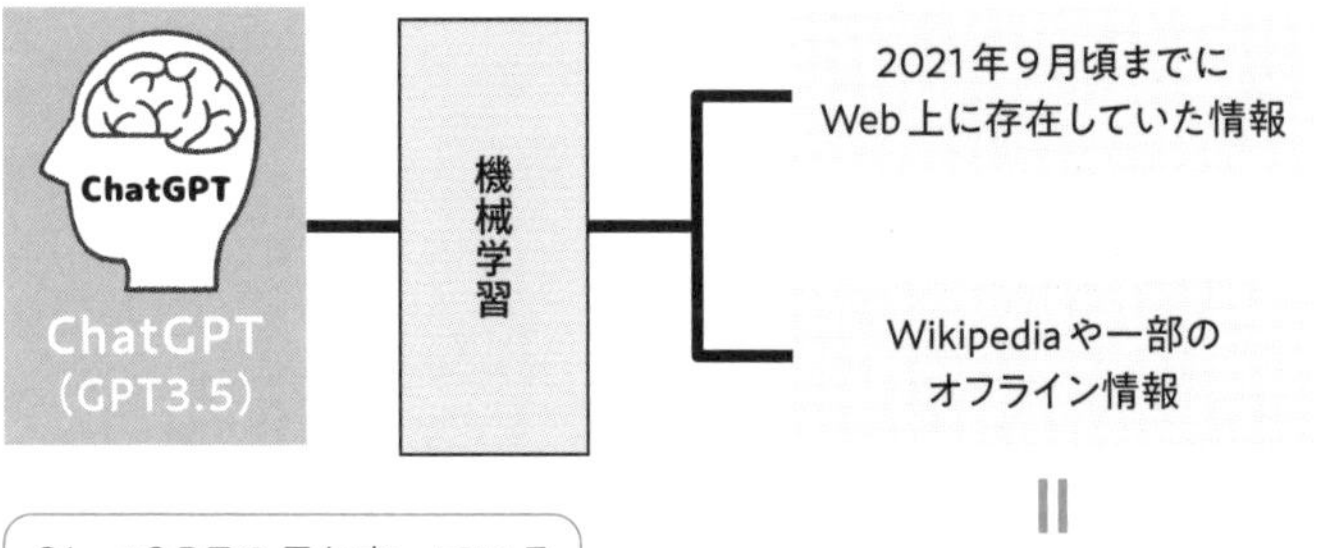

ChatGPT
ChatGPT
（GPT3.5）
機械学習
2021年9月頃までにWeb上に存在していた情報
Wikipediaや一部のオフライン情報
=
フィルタリング前で45TB、フィルタリング後で570～960GBもの膨大なデータを学習しています!

ChatGPTの元になっているGPT3.5は、2021年9月までの情報を元にトレーニングを終えているのでそれ以降にWeb上に登場した情報は反映されていません

Chat GPT

KEYWORD

深層学習 …… ニューラル・ネットワークを用いた機械学習法の1つ。ディープ・ラーニングとも。ニューラル・ネットワークを多層にすることでより深い学習が可能。

ChatGPTは教育に悪影響を与えませんか？

POINT
教育のあり方をChatGPTありきで考え直す必要がある？

国内の大学が次々に注意喚起を発表

ChatGPTの利用が急速に広がっていく中で懸念されているのが、**「教育」への影響**です。まるで人間が書いたかのような自然な文章を生成することができるため、論文やレポートの執筆をChatGPTに丸投げしてしまう学生が現れる可能性があるからです。

現に、2022年4月には国内の**複数の大学が、学生のChatGPTの使用について注意喚起を行っています。**AIによって生成された文章には誤情報が含まれるというリスクを指摘するだけに留めた大学だけでなく、レポートや論文をChatGPTや生成AIのみで作成することを禁止すると発表した大学まで現れました。

しかし、グーグルのような検索エンジンが登場した際にも、検索結果やウィキペディアの文章をそのままコピー&ペーストしてレポートを書く学生は一定数存在していました。

そう考えると、ChatGPTの教育現場における使用について、過剰に心配するよりも、むしろChatGPTのメリットを活用して、**教育の質を向上させることを考えるべき**なのかもしれません。

例えば、ChatGPTとの対話を通した「ひとり学習」や、教員が生徒の理解度を評価する際にChatGPTとの対話を用いることで、学習効率が大きく向上する可能性もあります。

悪影響ばかりに目を向けるのではなく、メリットにも目を向けるべきです。

お答えしましょう!

ChatGPTが普及する流れは止められないので、メリットにも目を向ける姿勢が大切です。

■ ChatGPTが教育に与える影響とは?

デメリット

論文を書くのが面倒だからChatGPTに書いてもらおう

論文やレポートを書く際に、学生たちが自力ではなくChatGPTを使って書くというケースが増えるかもしれません。しかし、これはChatGPT登場以前からグーグルで検索した結果をコピペすることをしていた学生たちは存在していましたので、今に始まった問題とは言いきれないかもしれません

メリット

ChatGPTとの対話を通して勉強しよう!

ChatGPTは、ひとり学習に向いているツールです。誰もいなくても、対話を通していろいろなことを学ぶことができるからです。何か学びたいことがあれば、そばに先生がいなくても質問をすれば答えが返ってきて、気になることがあればさらに質問をすることで、より理解を深められるのです

これからの教育はChatGPTのような対話型AIが存在しているという前提で、そのあり方を考え直す必要があるかもしれません

KEYWORD

ひとり学習……教師不在の状況でも一人で学習すること。ChatGPTの登場によって、ひとり学習の効率が飛躍的に向上するのではないかと目されている。

一過性のブームで終わるのでは？

お答えしましょう！

確かに収益面での課題は残っていますが、単なるブームでは終わらないでしょう。

■ ChatGPTの今後の展開は？

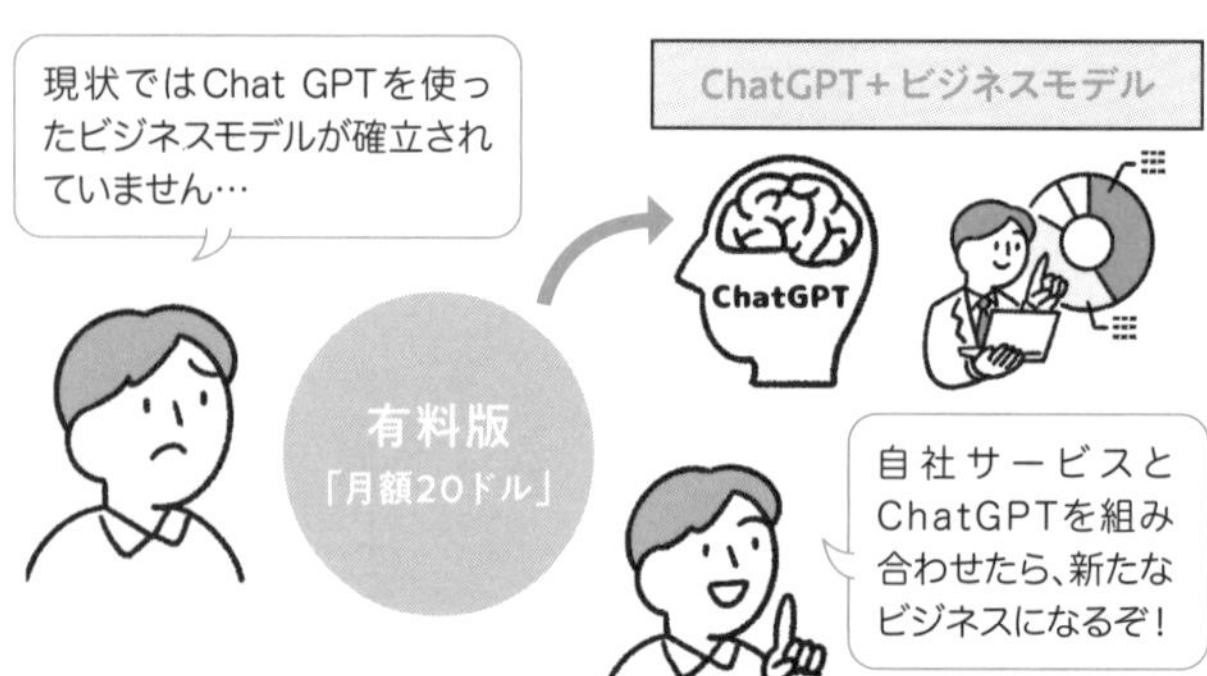

ChatGPTを巡る最大の問題は、ChatGPTを使ってどうお金を稼ぐのかがまだ見つかっていないこと。検索エンジンのグーグルもサービス開始当初は同じように全く儲かりませんでしたが、浸透していくにつれて広告収入で莫大な利益を上げはじめました。ChatGPTもいずれそうなるかもしれません

ChatGPTありきで考えるべき時代がきた

このChatGPTが引き起こした流れは、一過性のブームで終わるのか、それともにIT、ひいては私たちの生活そのものを変えていく力を持っているものでしょうか。

私は、後者だと思います。むしろ、ChatGPTというものがあるということを前提に考えなければ、**いろいろな分野で取り残されてしまう可能性がある**といっても過言ではありません。

POINT
今後、ChatGPTでどう収益を上げるかがカギ

■ ChatGPTがユーザーインターフェースを変革する?

企業はChatGPTで どう収益を上げるか?

ただし、2023年7月時点では、ChatGPTによって企業がどのように収益を上げればいいのかがわかっていないのも事実です。

しかし、これは、グーグルが登場したときも同じような状況でした。リリース当初のグーグルも全然収益が上がらず、マイクロソフトも検索エンジン事業に乗り遅れました。ところが、今では検索エンジンと広告の組み合わせは、莫大な収益を生むようになっています。

ChatGPTも、**今後収益を上げる方法がわかれば、私たちの生活に対して大きな影響を継続的に与えていく可能性があります。**また、これまでマウスなどを使って行っていた作業を対話型AIで行うような、ユーザーインターフェース上の大きな変革が起きていく可能性もあり、目が離せません。

KEYWORD

ユーザーインターフェース……ユーザーと製品とをつなぐ接点となるデバイス。パソコンにおけるマウス、キーボード、ディスプレイなど。

AI …… 20ページ

人工知能。artificial intelligenceの略語。技術進歩によって、機械が人間のように学習することが可能になった。

生成AI（Generative AI） …… 20ページ

コンピュータが学習した情報を基盤として、新たなデータや情報を様々なものに応用可能なＡＩのこと。

大規模言語モデル（LLM） …… 20ページ

大規模なテキストデータを基にして、多層的に言語構造を解析する方法を用いて構築された言語モデル。英語ではLarge Language Modelと言い、ＬＬＭと略される。従来の自然言語モデルよりも、計算性、データ量、変化の多様性という点で非常に優れている。

Artificial General Intelligence（AGI） …… 20ページ

汎用人工知能。人間と同様の感性や思考回路を持つＡＩ。高度な能力に優れているが、人間のように振舞えない特化型人工知能の対極にあるＡＩ。哲学者のジョン・サールは汎用人工知能を「強いＡＩ」、特化型人工知能を「弱いＡＩ」と呼んでいる。

ソクラテス …… 25ページ

古代ギリシャの哲学者。プラトンの師であり、問答法を使い、無知の知を示した。「悪法も法だ」と述べ、アテネの法の裁きに従い、毒杯を飲み死んだ。ソクラテスは「汝自らを知れ」や「大切なことは、単に生きることではなく、よく生きることだ」といった多くの名言を残した。

検索エンジン …… 26ページ

大きく分けて、情報検索システム全体を指す場合と、インターネット上にある様々な情報を探すためのシステムを指す場合がある。後者の最初のものは１９９４年のヤフーによる検索エンジンである。その他、主な検索エンジンとしては、グーグル、Ｂｉｎｇなどがある。

広告ビジネス …… 26ページ

広告を商品化するビジネス。インターネットの登場によって大きく変化していった。かつては新聞・雑誌や看板による広告が主要だったこの種のビジネスは、インターネットを多角的に活用したものが主流となっていった。

ニューラル・ネットワーク …… 30ページ

人間の脳のネットワークを数理的に表現した人工知能のモデル。主に、音声や画像のパターンを認識する際に用いられている。一つひとつの単純な人工ニューロンを多数繋ぎ合わせることによって、複雑な解析を可能にしている。

コモン・クロール …… 30ページ

インターネット上の世界中のWebサイトを独自に調査し、情報を収集し、その膨大な量の情報アーカイブをデータセットにしたものの名称であり、それを無償で提供している非営利団体。団体は２００８年にアメリカ人のギル・エルバズによって設立され、カリフォルニアに本拠地がある。

第 **2** 章

すみません、イマイチ使いこなせないのですが…

ChatGPTの基本がわかったら、まずは実際に使ってみましょう。ChatGPTの使い方のコツやChatGPTの得意なこと、苦手なことがわかれば、さらにChatGPTを活用することができます。

質問やお願いをする際に特別な文章にする必要はありますか？

POINT

ChatGPTは想像以上に私たちの文章をきちんと理解してくれる

会話の中で訂正や方向修正も可能

従来の対話型ＡＩ、例えばアップルのＳｉｒｉ（シリ）と話したことがある人ならわかると思いますが、対話するには「ＡＩと話すことを前提とした特別な話し方」が必要でした。人間同士の会話のような自然な問いかけ方では、従来の対話型ＡＩが理解できないことが多かったからです。Ｓｉｒｉがわかりやすいようにと、短い名詞や動詞で指示を与えるなど、意識的に対話型ＡＩ用の話し方になっていた人も多いのではないでしょうか。

しかし、ＣｈａｔＧＰＴには**従来の対話型ＡＩに対して使っていた特別な文章は不要**です。生身の人間と話しているかのように文章で質問してみてください。**ほとんどの場合、ＣｈａｔＧＰＴは理解できます**し、むしろ、その方が応答の精度が高くなるのです。

生身の人間と話すように文章を打つのは、慣れないうちは難しいかもしれませんが、生身の人間相手と違って相手への配慮が必要ないので、要望をＣｈａｔＧＰＴに気兼ねなく伝えればよいのです。

もちろん、ＣｈａｔＧＰＴが話を脱線させたり、ズレた回答を返したりすることがありますが、それは生身の人間との会話でも起き得ることです。

その場合は、**人間と対話しているときのように、自分の伝えたい内容を言い換えたり、話題が脱線していることを伝えたり**してみてください。そうすると、ＣｈａｔＧＰＴはきちんとそれに反応し、回答の訂正などもしてくれます。

お答えしましょう！

AI向けの特別な文章はかえって逆効果になります。生身の人間と話すときのように話しましょう。

■ ChatGPTへの問いかけ方は？

従来型AIへの問いかけ方

普通の人間に向かって話すように話すと絶対理解できないから、話しかけ方を考えないと…

ヘイSiri、「英検・勉強・コツ」について検索して

ChatGPTへの問いかけ方

むしろ普通の人間に話すように問いかけるほうが、精度の高い答えが返ってくる！

英検1級の勉強のコツについて知りたいんだけど…

Chat GPT

これまでのAlexaやSiriに対するような問いかけ方よりも人間に話すときのような問いかけ方を心がけてみましょう。より精度の高い答えが期待できます

KEYWORD

Siri …… Appleが開発した音声アシスタント機能。iPhone、iPadなどのAppleのオペレーションシステム（OS）に搭載されている。

AIを使いこなす
2

「○○について教えて」と打ち込めばOKですよね？

質問の仕方を変えれば回答の質も変わる

ChatGPTは人間同士の会話にかなり近い会話をすることができますから、「○○について教えて」と打ち込めば、きちんと答えを返してくれます。しかし、**ただ「教えて」と要求するだけでは、あまり精度の高い答えは返ってきません**。

基本的に、ChatGPTには「あいまいな質問にはあいまいな答えを返してくる」特徴があります。それとは反対に、「明確で詳細な質問には、明確で詳細な答えを返してくる」のです。つまり、こちらの質問の仕方に応じて、ChatGPTの回答の質も変化するわけです。ですから、こちらが意図した通りの回答をしてもらうには、**質問の解像度を上げる必要がある**のです。

例えば「接客についてのアドバイスをください」という質問は、かなり漠然としています。つまり、質問している自分がどういう立場で、どういう経験を持っていて、具体的に何を知りたいのかが明確ではありません。このような質問をすると、ChatGPTも一般的で、抽象的な漠然とした答えしか返せません。そこで、質問に前提条件を加えるようにしましょう。自分は何を取り扱っている店舗に何年勤務しており、接客においてこういうことに悩んでいるという**背景や予備知識を加えて質問する**のです。

こうすることで、ChatGPTはあなたが求めていることが何なのかを理解して、あなたが求めている回答に近づいていくことができるのです。

POINT

漠然とした質問には漠然とした答えで返してくるのがChatGPT

お答えしましょう！

こちらの背景や予備知識などの前提条件を加えて質問することで、より精度の高い回答が得られます。

■ ChatGPTを使いこなせるかどうかは人間次第

前提条件を加えた質問

私は、△△を扱う店舗の接客業に従事して5年目です。○○についてどう克服したらいいか悩んでいます。どうすれば、この問題を解決できるかアドバイスをください

現場でのロールプレイやデモンストレーション、メンタリングやジョブシャドウイングの活用…

自分がどういう人間で、何を求めているのかを明確にした質問をする方が、明確な答えが返ってきます

KEYWORD

解像度……ビットマップ画像の画素の密度のことだが、転じて「物事の理解の度合」を指すビジネス用語としても使われる。

AIを使いこなす

3

求めている答えをChatGPTに出してもらうコツは？

お答えしましょう！

どんどん質問を重ねて、細かい条件を付け加えていくと、求めている答えを出してくれます。

■ ChatGPTに答えを出してもらうコツ①

質問を重ねていく

前提条件や自分と相手の役割を明確にする

補足・追加の質問が精度を上げる

前項の内容を踏まえて、さらにChatGPTにこちらが求めている答えを出してもらうためのコツを見ていきましょう。ChatGPTと話をするときには、**生身の人間と話すときと同じように話すことが基本的なコツ**になります。

ChatGPTも、たった1回の質問では、あなたの意図を完全に理解することができないことがあります。ChatGPTの回答がちょっとズレている

POINT

人間と同じく相手が理解していなければ質問を重ねること

■ ChatGPTに答えを出してもらうコツ②

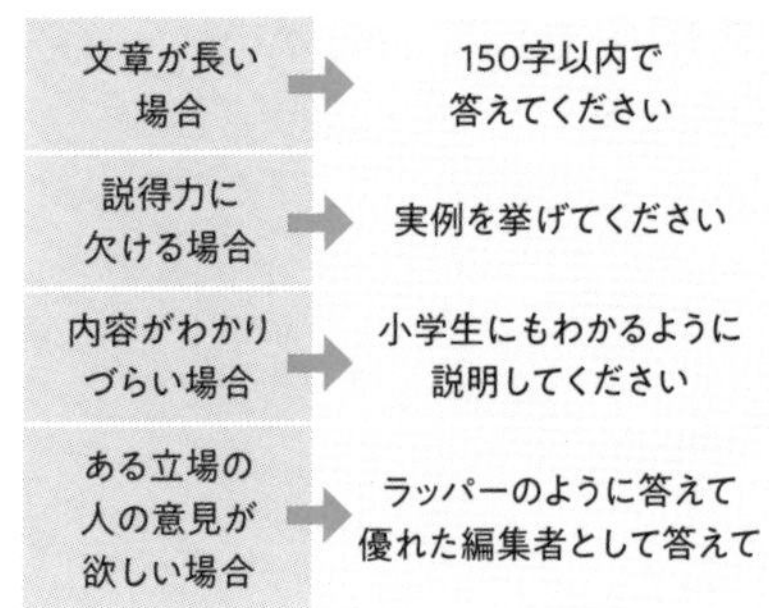

文章が長い場合	→	150字以内で答えてください
説得力に欠ける場合	→	実例を挙げてください
内容がわかりづらい場合	→	小学生にもわかるように説明してください
ある立場の人の意見が欲しい場合	→	ラッパーのように答えて 優れた編集者として答えて

質問をする際に、こういった前提条件を付け加えるのもおすすめです

なと思ったら**「重ねて質問」してみましょう。**これは、「3つにまとめてください」「小学生にもわかるように説明してください」などの補足・追加の質問でも構いません。質問を何度も重ねて細かい条件を加えていくことで、ChatGPTの回答も精度が上がっていきます。

実例、字数制限、役割などを要求してみる

また、前項で紹介したこちらの前提条件を明らかにする方法の他に、**ChatGPTに役割を与える**という方法もあります。例えば、「新進気鋭の小説家だと思って書いてください」と伝えることで、ChatGPTは役割に則った回答をしてくれます。さらには、「実例を挙げて」と頼むのも効果的な方法ですし、「何文字以内で答えて」といった字数制限を設けることも効果的です。なお、「ラッパーがラップしているように答えて」などのお願いにもきちんと応えてくれます。

KEYWORD
前提条件……ChatGPTに対して自分の立場、自分の目的や背景などを明らかにすると回答の精度が高くなる。

ChatGPTはどんなことでも答えられますか？

ChatGPTは、主にどんな質問に対する回答が得意なのでしょうか。

まず、ChatGPTが得意とする質問は、**知識を問う質問**です。「○○について教えてください」と聞くと、たいていのことには返事をしてくれます。それにさらに条件を付け加えていくことで、あなたの知りたいことをピンポイントで教えてくれるようになります。ただし、必ずしも情報が正確とは限りませんので、**答えを鵜呑みにはしないでください**。

次に、**文章の要約も得意な分野**だと言えます。ある文章を読み込ませて、それを要約して欲しいと頼むと、内容をまとめた文章を生成してくれます。

また、ChatGPTは、こちらが何らかの条件を提示した上でアイデアを出してくれるよう求めると、**アイデアを出してくれます**。例えば、自分がまとめている企画書を読ませた上で、指摘をもらうということも可能です。さらに、ChatGPTに日本語で入力したテキストを「外国語に翻訳する」ように頼むと**翻訳もしてくれます**。翻訳の精度はかなり高く、「子どもにもわかりやすい簡単な文体で」「アメリカの大学院生が書いたような文体で」など口調の指定にも応えてくれます。

その他、質問ではなくても、生身の人間同士の会話のような雑談をすることも可能ですし、質問になっていないような理不尽なテキストにも「それは何を指していますか」など、何らかの答えを返してくれます。

文体を指定した翻訳をすることもできる

POINT

ChatGPTの得意分野は知識の提供、要約、翻訳、アイデアの提案

お答えしましょう！

たいていの質問には答えてくれますが、犯罪や違法行為の手助けになる内容には答えてくれません。

■ ChatGPTはどんなことに答えてくれる？

ChatGPTが学習した知識は2021年9月頃までの知識のため、それ以降の知識は教えてくれません。また、嘘をついたり、冗談を言ったりすることは苦手という特徴があります。また、犯罪や違法行為の手助けには応じてくれません

KEYWORD

要約…… ある文章の言いたいことをわかりやすくまとめること。ChatGPTは、長い複雑なテキストの内容を要約することができる。

ChatGPTに苦手な分野はありますか？

お答えしましょう!

ChatGPTの苦手分野は、最新の情報、冗談、計算、図解、AIには体験できないことなどです。

■ ChatGPTが苦手なこととは？

部分的に正しいけど、正しくない情報が混ざってるな…

○○監督の作品は以下の通りです…

ChatGPTはWeb上の情報を学習しているとはいえ、すべての情報が正確とは限りません。すべてを信じ込むのは危険です

その他、最新の情報やローカルな情報を聞いても正確な答えが返ってこないことが多いです

POINT

ChatGPTは2021年9月頃までのデータを学習した英語ベースのAI

英語ベースで作られた痕跡が散見される

ChatGPTは、たいていの質問に答えてくれるとはいえ、苦手な分野はあります。例えば、**冗談、言葉遊び、ダジャレ、韻を踏むなどは得意ではありません。**

試しに「日本語でダジャレを言ってください」と頼むと、まったく面白くない上にダジャレにすらなっていない答えが返ってきます。これは、ChatGPTが英語をベースに作られているため、英語のジョーク

■ 体験しなければわからないことは苦手

を日本語に翻訳したような回答が返ってくるためです。

また、知識を教えてくれるのがChatGPTの得意分野であるとはいえ、その知識が必ずしも正しいとは限りません。一般的に、固有名詞に関する情報はあまり正確ではない情報が返ってくることが多いです。

苦手分野は最新情報、計算、図解、専門知識

ChatGPTは2021年9月頃までにWeb上に存在していた情報を元に学習しているので**最新の情報はカバーしていません**。また、その他に苦手としているのは計算や図解、専門的な知識、ローカルな知識です。特に、法律や医学などの知識は間違っていることがあるので鵜呑みにしてはいけません。

加えて、ChatGPTには体験できない**食べ物の味や映画の感想なども苦手です**。これらを聞くと「自分には体験ができないので答えられない」と言う答えとともに、一応、一般論を教えてくれます。

KEYWORD

固有名詞……日本語の固有名詞に関する情報を聞くと、不正確な答えが返ってくることが多い。

ChatGPTはなぜその都度違う答えを返すのですか？

POINT
ChatGPTには思想・信条・価値観があるわけではない

正しい情報ではなく確率の高いものを選ぶ

ChatGPTを使っていくと、ほとんどの方はすぐに「ChatGPTに同じ質問をすると、そのたびに違う答えを返してくることがある」ことに気づくと思います。

以前は、「○○はAだと思います」と答えていたのが、その時と全く同じ質問文で尋ねても「○○はBだと思います」と答えることがあるのです。また、ChatGPTが答えた後に、「その情報は本当に正しいですか？」と聞き返すと、自分の発言をすぐに訂正することもあります。こうした現象は、なぜ起きるのでしょうか。

ChatGPTはインターネット上に存在していた膨大なデータを元に学習し、そこから文章を生成しているのですが、どのように文章を生成しているかというと「確率」を用いているのです。つまり、「富士山は」という主語のあとに続く言葉の候補の中から、確率の高い言葉を選ぶことによって**「確率的に正しそうな文章」を生成しているにすぎない**のです。

ですから、同じ質問を繰り返すと、ChatGPTは最初に出した答えを除外して、次の候補を使って文章を生成するため、**全く違う答えを返してくることがある**わけです。

ちなみに、ChatGPTが同一のチャット内で発言の一貫性を保つためにさかのぼることができる発言の量は、英語で3000語程度までだと言われていますので、特定の回答を踏まえた会話をしたい場合は、その程度の範囲内にしましょう。

お答えしましょう!

ChatGPTは、膨大なデータの中から確率的に正しそうな言葉を選んで文章を生成しているからです。

■ ChatGPTはなぜその都度違う答えを出すのか?

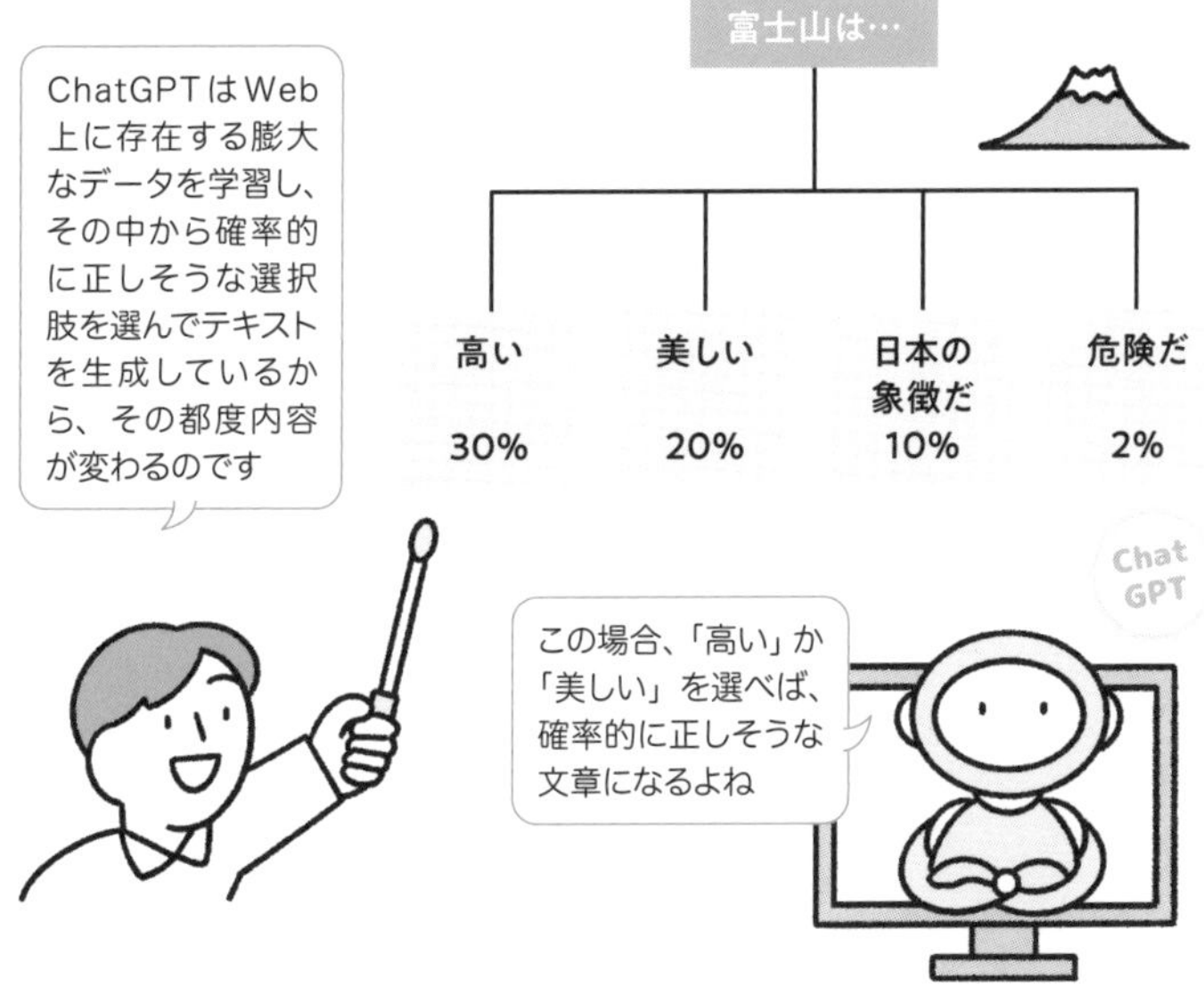

このように、ChatGPTは自分なりの思想・信条・価値観に則って文章を生成しているわけではなく、Web上の情報の中から確率的に正しそうな言葉を選んでいるのです

KEYWORD

チャット …… ChatGPTにおけるテキスト入力スペース。1つのチャットで会話を続けていくこともできるが、話題を変える場合には新規チャットを作成することも可能。

答えのすべてが信用できるものでしょうか？

POINT
ChatGPTは「それらしいこと」を言うことに長けているAI

ChatGPTが何度も嘘をつくのはなぜ？

何度か言及してきましたが、ChatGPTの発言はすべてが正しいわけではありません。むしろ、**ChatGPTは平然と「嘘をつく」**と言われることすらあります。

試しに一般論ではない固有名詞に関する質問をしてみましょう。自分の好きな有名人、映画、小説などでもいいですし、実在する企業や団体のことでも構いません。そして、返ってきた答えが正しいかどうか検証してみてください。ほとんどの場合、正確な情報と不正確な情報が混在している答えが返ってくるのではないでしょうか。

しかも、「その答えは間違っています」と伝えると、ChatGPTは間違いを認めて発言を訂正してくるのですが、その訂正した答えもまた間違っているということがあるのです。

なぜ、こんなことが起きるかというと、ChatGPTは2021年9月頃までにWeb上に存在していた膨大なデータを元に学習し、その中から**「確率的に正しそうな答え」を選んで返答しているから**なのです。これを**ハルシネーション（幻覚）**といいます。

つまり、自分で正しいか判断しているわけではなく、前項で紹介したように言葉を選び続けているのです。言うなれば「それらしいこと」を言うのがとても上手いAIなのです。

ですから、ChatGPTを百科事典のように使うのはおすすめできませんし、**使用者は回答の真偽を常に疑ってかかる必要がある**のです。

お答えしましょう！

信用できない答えもあります。ChatGPTが不正確な情報を答える可能性を念頭に置いておく必要があります。

■ ChatGPTの答えはすべて信用できる？

ChatGPTは、2021年9月頃までにWeb上に存在していた膨大なデータを元に学習し、そのデータから「確率的に正しそうな文章」を生成しています。つまり、事実と異なる間違った情報（嘘）を平然と言うことがあるのです

KEYWORD

不正確な情報……ChatGPTのトップページに表示される注意書きの1つ。ChatGPTの性質上、提供される情報のすべてが正確ではない可能性がある。

日本語と英語ではChatGPTの回答に違いはありますか？

お答えしましょう！

日本語でも答えてくれますが、英語のほうが正確な回答を返してくれる傾向があります

■ 英語による入力と日本語による入力の違い

英語		日本語
速い	回答速度	遅い
正確である確率が高い	一部の情報の正確性	正確である確率が低いことも

日本語でもほとんど問題なく使えるが…

ChatGPTは、日本語でもほとんど問題なく使うことができます。日本語で質問をすれば、正しい日本語で回答してくれますし、生身の人間との会話にかなり近い会話をすることができます。不自然なところはほぼないと言っていいでしょう。

ただし、**それでも日本語で入力した場合と英語で入力した場合とでは、いくつか違いがあります。**まず、英語で入力するほうがレスポンスが速いという点

POINT

英語の情報をベースに作られているがゆえの違いが存在する

■ 英語と日本語では回答のクオリティが異なることも

が挙げられます。日本語で入力する方が、返事が遅く、待ち時間が長くなります。

英語の情報をベースにしているがゆえの違い

次に、ChatGPTは英語の情報をベースに作られていますので、**日本語で質問した場合と英語で質問した場合で、質問内容によっては回答のクオリティが異なることがあります。**

例えば「古代インドの文化に関する参考文献を挙げて」とリクエストした場合、「英語で書かれた本で」と条件をつけると実際に存在する書名を挙げてくれる確率が高いのに対し、「日本語で書かれた本で」と条件をつけると、実在しない書名ばかりを平然と挙げてきます。

また、日本では無名でも英語圏では有名な人物や事柄について質問する場合、英語で質問したほうが詳しい情報を得ることができます。これも、ChatGPTが英語をベースにしていることが原因と考えられます。

KEYWORD

レスポンス……人や機械がする返事、反応。ChatGPTのレスポンスの速さはその時のサイトの混雑度合によっても変わる。

ChatGPTに入力してはいけないことはありますか？

POINT
入力される情報は基本的にシステム改善のために使われる

機密情報や個人情報の入力には細心の注意を

ChatGPTに入力された内容は、**基本的にAI精度を向上するためのトレーニングに使われます。**そのため、ChatGPTから返ってきた回答には、その回答の内容を評価するボタンが用意されており、「良い」と思ったら高評価ボタンを、「悪い」と思ったら低評価ボタンを押して、その回答の何が良くなかったのかというフィードバックをOpenAIに送ることができます。

このように、チャットの入力内容をChatGPTのシステム改善のために使っているということは、すなわち**「機密情報」や「個人情報」も、同様にトレーニングに使われてしまうということを意味しています。**ですから、基本的に入力する内容に機密情報、個人情報が含まれていないかどうか、細心の注意を払ってください。

自分のチャット履歴をOpenAIによるシステム改善に使って欲しくなければ、設定画面から**「チャット履歴をトレーニングに使わせないようにする」ことが可能**です。

ただし、その場合は、チャット履歴そのものが残らないようになるというデメリットがありますし、その設定にしたとしても履歴に保存されなかったチャットは、30日間システム上に入力内容が残ります（AI学習トレーニングには使われません）。

また、履歴を残したくはないが手元に保存しておきたい場合は、設定画面からチャット履歴をエクスポートすることも可能です（詳しくは62ページ）。

お答えしましょう!

機密情報や個人情報は、設定次第でAIのトレーニングに使われてしまいますので注意が必要です。

■ ChatGPTに提供してはいけない情報とは?

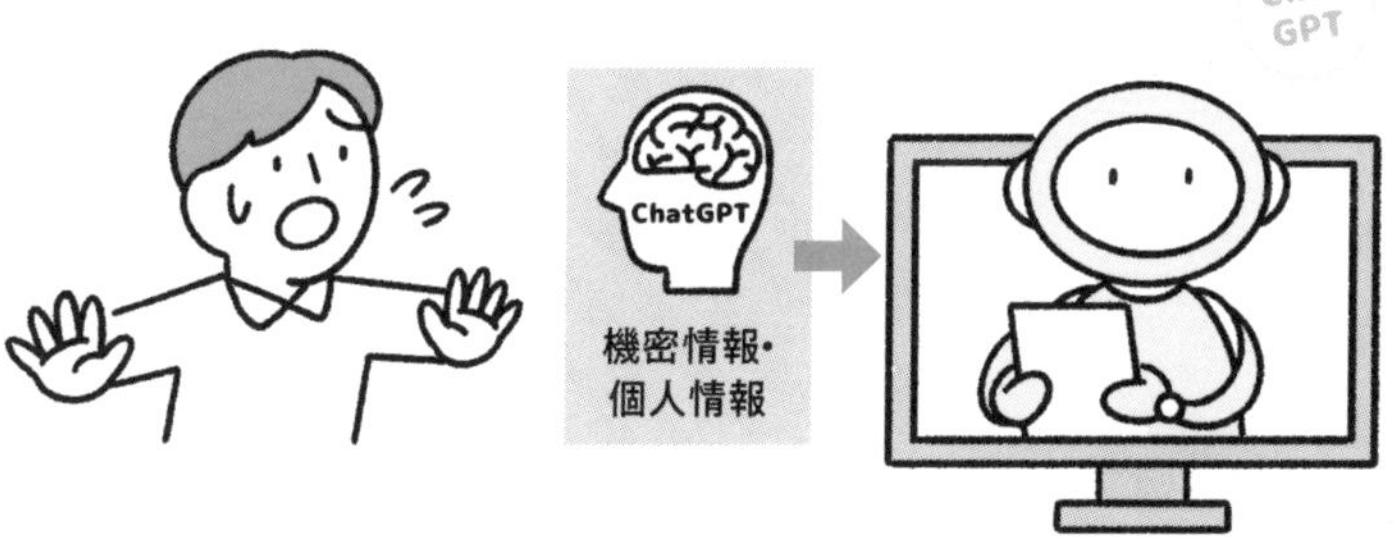

チャット履歴をAIの向上に使って欲しくない場合は?

設定(Settings)から変更することができます(2023年7月現在、設定画面は英語表記しかありません)。データコントロールズ(Data controls)という項目の中にチャット履歴とトレーニング(Chat History & Training)というボタンがありますので、それをオフにします(詳しくは61ページ)

KEYWORD

エクスポート …… Export(書き出し)。あるアプリケーションで作成されたデータを、他のアプリケーションにおいても閲覧等ができる形式に変換すること。

ChatGPTで作った文章はどのように使ってもいいのですか？

POINT

著作物に偶然似てしまう可能性がある

文章といえども他人の権利を侵害することも

ＣｈａｔＧＰＴで生成した文章は、自分の好きなように使えるのでしょうか？　ＡＩが生成した文章ということは、自分自身では執筆していない文章だということですし、ＣｈａｔＧＰＴが生成した文章が「他人の権利を侵害していない」という保証はあるのでしょうか。

ＣｈａｔＧＰＴが一大ブームになる少し前、ネット上では画像生成ＡＩが作り出す絵の権利について議論になりました。

画像生成ＡＩもＡＩですから、当然、学習元のデータがありますので、**生成された絵が学習元の画風に似てしまう現象が起きてしまうという**のです。ＡＩが生成した絵は、他人の権利を侵害しているか、いないのかについては今も議論が行われています。また、絵以外では、ＡＩが作ったプログラムのコードを巡っては、訴訟に発展するほどの問題になっています。

これと同じ問題は、ＣｈａｔＧＰＴが生成する文章においても起きる可能性があります。とはいえ、絵やプログラムのコードに比べ、特定の誰かにしか書けないような独自性のある文章をＣｈａｔＧＰＴが書いてしまう確率は比較的低いと思います。しかし、文体のテイストは他人のものと似ていなくても**「考え」や「意見」が似ることはあります。**

ＣｈａｔＧＰＴの生成した文章や意見が、他人の権利を侵害してしまう可能性はゼロではありませんので、**使用する際には事前に類似したものが存在していないかの確認が必要**です。

お答えしましょう！

ChatGPTが生成した文章や考えが他人の権利を侵害していないかは、事前にチェックする必要があります。

■ ChatGPTの生成した文章は自由に使っていいのか？

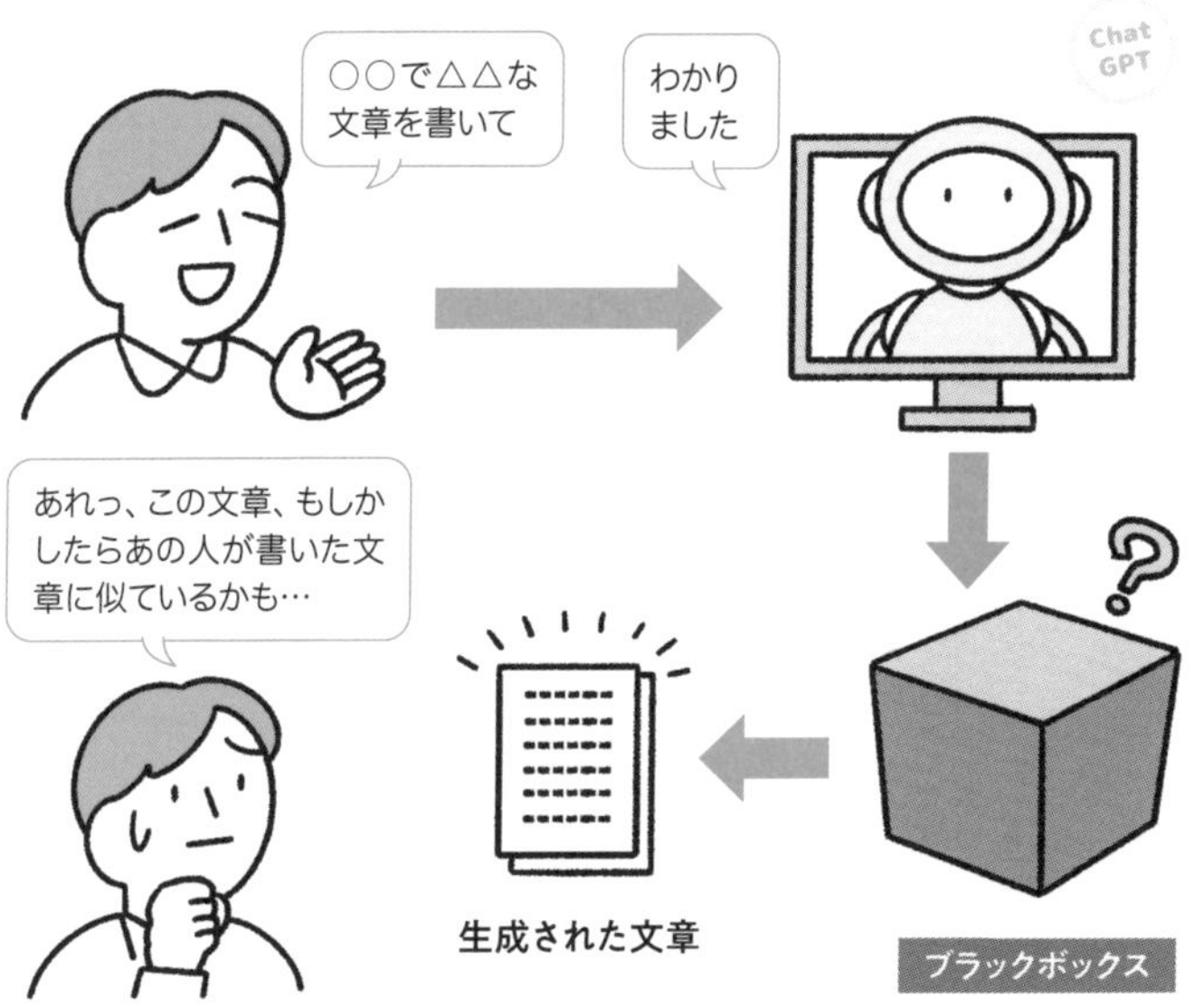

ChatGPTはWeb上に存在していた膨大なデータを参考にして、文章を生成していますので、参照元のデータに似た文章を生成する可能性はあります。しかし、参照元のデータをどのように利用しているかについては「ブラックボックス」となっています。そのため、内容をきちんと確認すべきでしょう

KEYWORD

コード …… プログラミング用語でコンピュータに対して命令や指示を与えるためのデータ。プログラミング言語で書かれた文のこと。

Special Lecture
特別講義

実際にChatGPTを使ってみよう！

POINT

- ☑ スマートフォンのアプリやブラウザを利用しよう。
- ☑ できるだけ、具体的に質問すべし。追加で質問していくとより精度が高まる！

ChatGPTのアカウントを作る

ChatGPTを利用するには、アカウントを作成する必要があります。OpenAIのサイトにアクセスし、**「Sign up（サインアップ）」をクリックしてアカウントを作りましょう。**

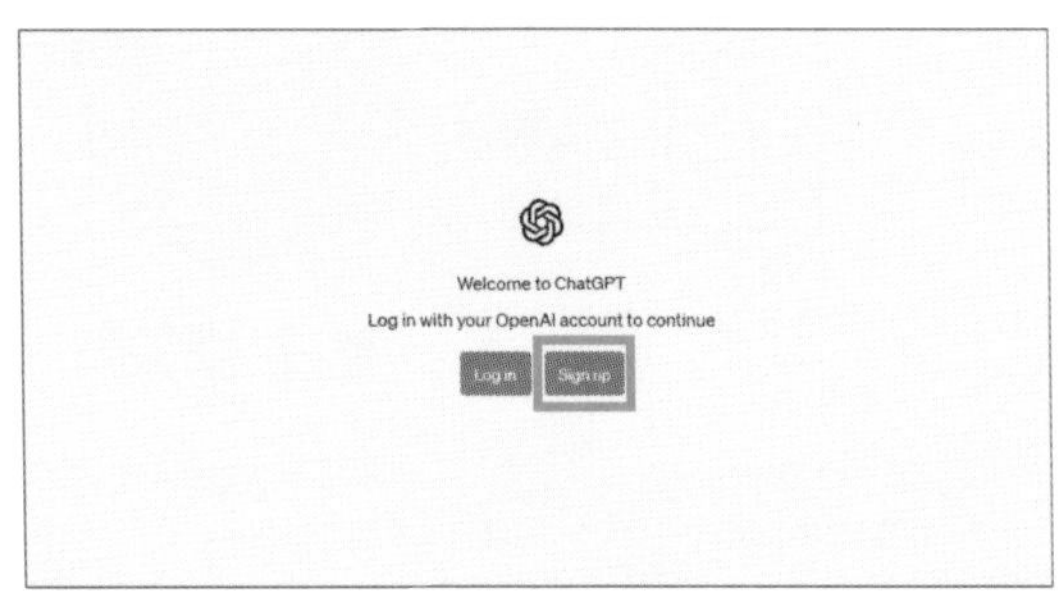

ChatGPTのトップページ。新規登録の場合は「Sign up」をクリックします。

すでにグーグルやマイクロソフトのアカウントを持っている人は、それらのアカウントを使うことも可能です。アカウントを作る際には、認証のために電話番号の入力を求められます。アカウントが作成できたらログインをしましょう。

ChatGPTの流れを理解しよう

アカウント作成後にログインしたら、すぐにChatGPTを使うことができます。ChatGPTに質問する前に、まずは画面の見方を学びましょう。

画面の下部に「**Send a message**（センドアメッセージ）**・・・**」と書かれたチャットボックスがあります。そこに質問の内容を書いてEnterキーで送信すると、ChatGPTに質問したことになります。

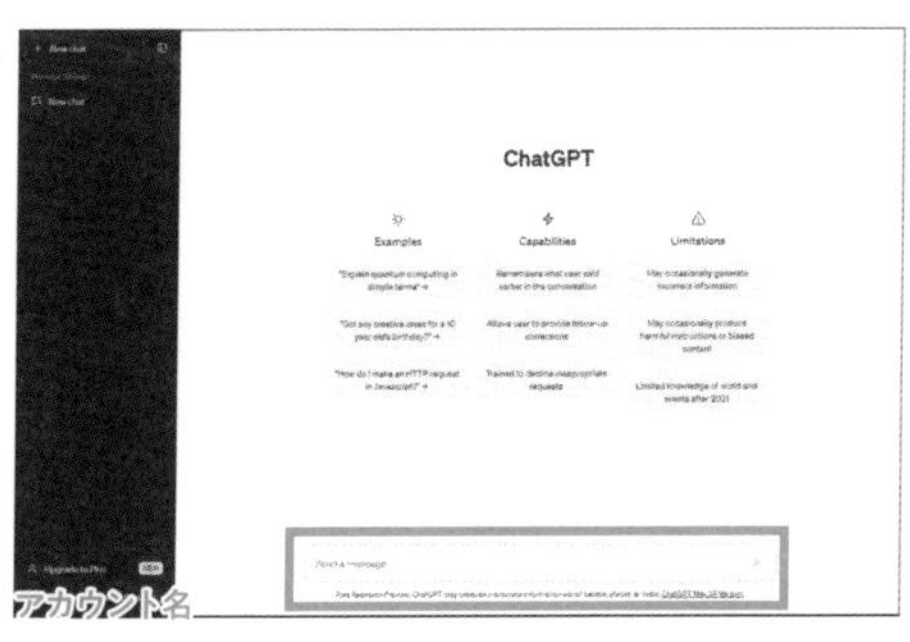

画面一番下の「Send a message・・・」と書かれたボックスが文字入力欄。ボックス端の紙飛行機マークをクリックしても入力内容の送信ができます。

画面の左側には、チャット履歴サイドバーが表示されます。これまでに作成したチャットが並んで表示されます。チャット履歴の一番上にある「**+New Chat**」というボタンを押すと新規チャットを開始することができます。**設定はチャット履歴の最下部**にあります。

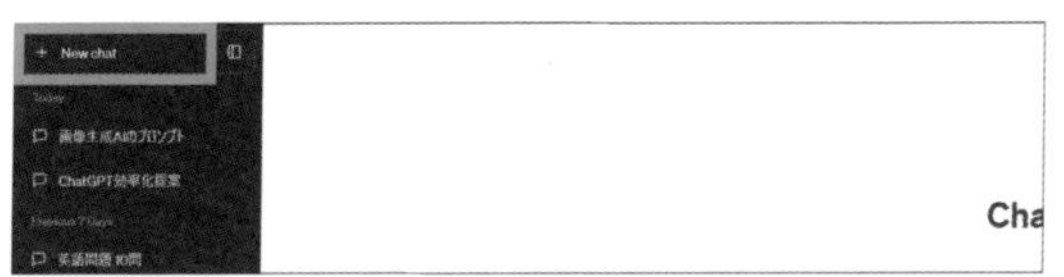

左上の「+New chat」ボタンで新規チャットを開始できます。

具体的に何度でも質問してみよう!

それでは、早速ChatGPTに質問してみましょう。日本語でも英語でも認識しますが、**英語の方がChatGPTの性能が一段アップします**。何でも好きなことを質問してみてください。

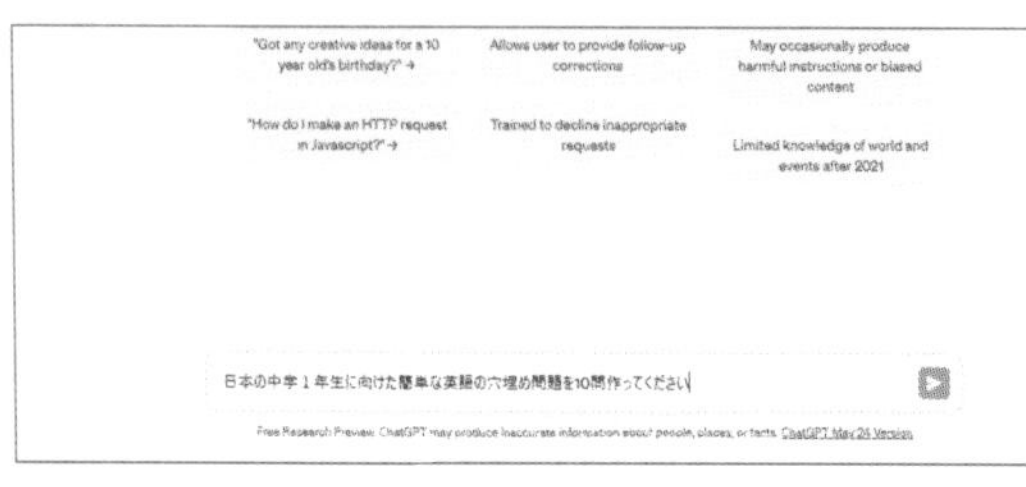

試しに「日本の中学1年生に向けた簡単な英語の穴埋め問題を10問作ってください」とお願いしてみます。

ChatGPTにできることは、**「質疑応答」「会話」「文章の生成」「翻訳」「要約」「クイズ作成」「詩などの創作支援」**などです。まずは、好きなように話しかけてみて、ChatGPTの実力を体験してみましょう。ただし、ChatGPTの答えには誤情報が含まれていることがありますので、**すべてを鵜呑みにはしないでください。**

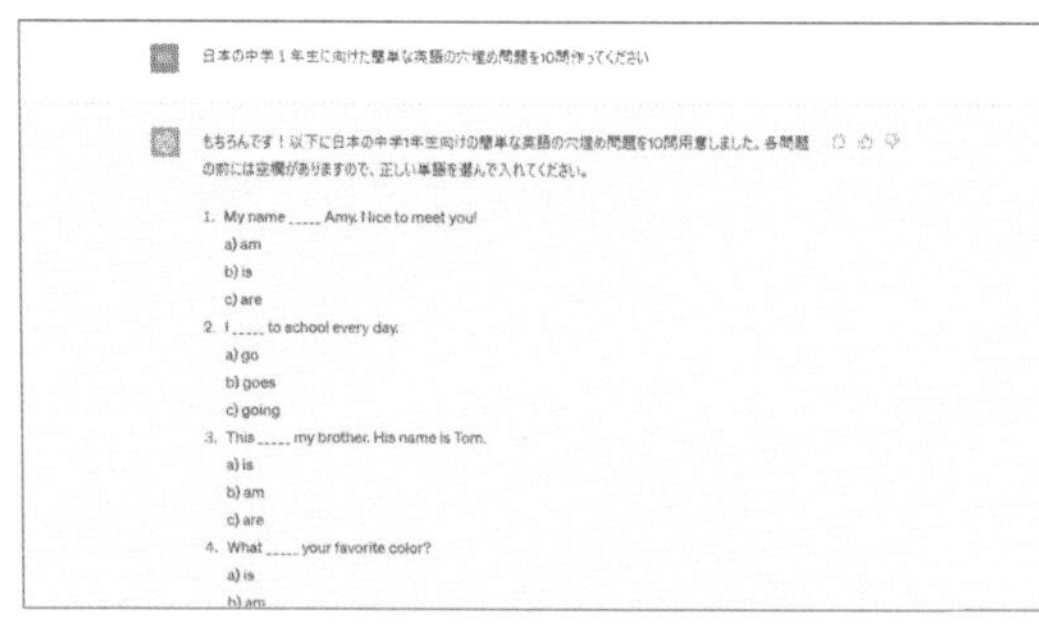

すぐに返事が返ってきました。「簡単に」とお願いしたので、選択肢も用意されています。

プライバシー保護のための設定

ChatGPTとの会話は、**AIのトレーニングのために使われます**。そのため、**個人情報や機密情報は書き込まないようにしましょう**。もし、自分が入力した内容をAIのトレーニングに使われたくない場合は設定画面から設定を変更することができます。画面左側の下の方にアカウント名が書いてある箇所があります。その横に3点リーダがありますのでそれをクリック。

アカウント名の横にある三点リーダーをクリックすると、ヘルプなどのウィンドウが表示されます。

そして「Settings（セッティングス）」を押すと設定画面が開きます。続いて「Data controls（データ　コントロールズ）」を選んで、「Chat history & training（チャット　ヒストリー　アンド　トレーニング）」のボタンをオフにすると会話の内容をAIのトレーニングに使わせないように設定できます。

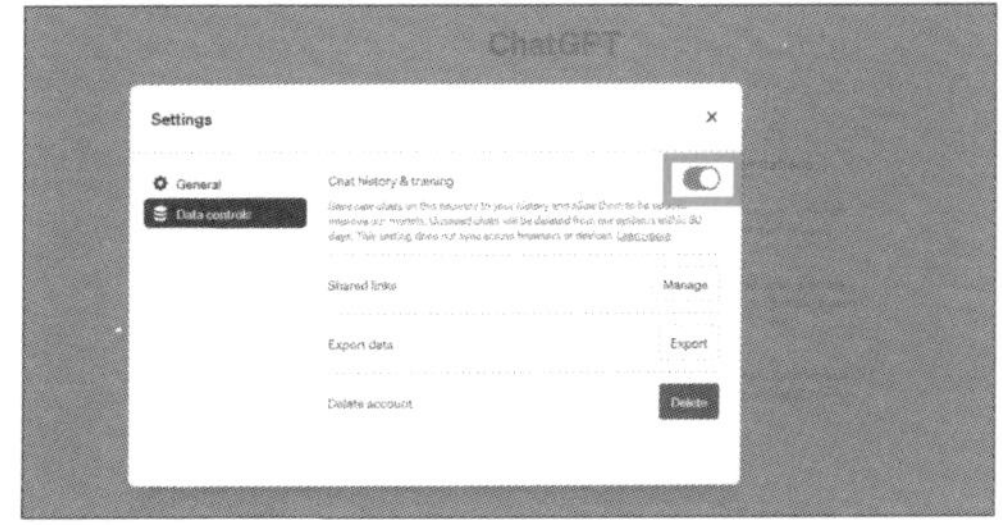

「Settings」をクリックし、「Data controls」を選ぶと、この画面に変わります。囲んだところのボタンが会話をトレーニングに使うかどうかの切替えです。

履歴をエクスポートして保存する方法

自分が入力した会話をAIのトレーニングに使わせないようにする設定を選ぶと、その代わりに**チャットの履歴が表示されなくなります**（履歴自体は乱用防止の目的のために30日間は保存されます）。その際、ChatGPTとの会話を記録に残しておきたい場合は**「エクスポート」をして保存することが可能**です。

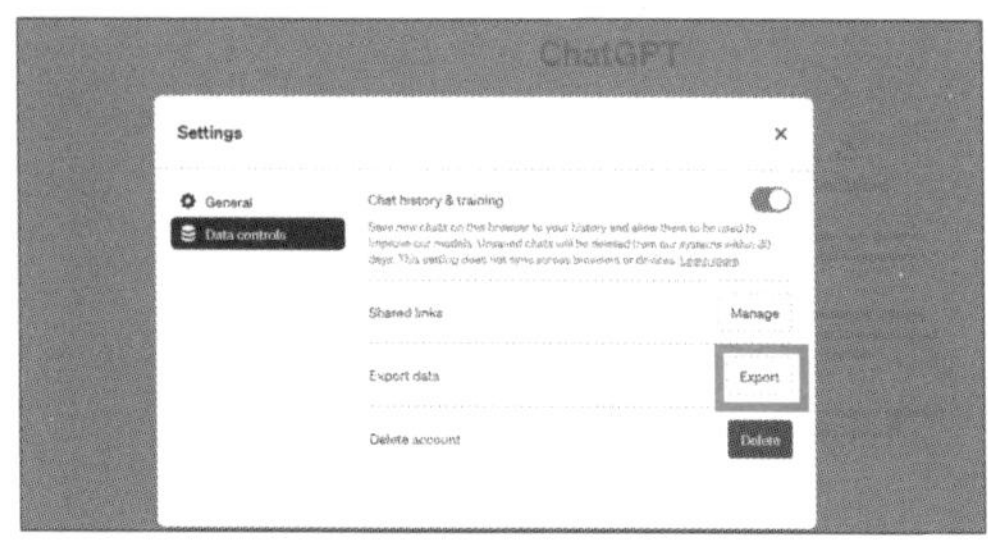

61ページと同様の画面で「Export」（囲んだ部分）を選びます。

SettingsのData controlsを開き、そこにあるExportボタン（上の写真参照）を押すと確認を求められますので「Confirm export」ボタンを押します。すると、アカウント作成時に登録したメールアドレスにメールが届きますので、そのメールにあるリンクから**チャット履歴をダウンロード**してください。

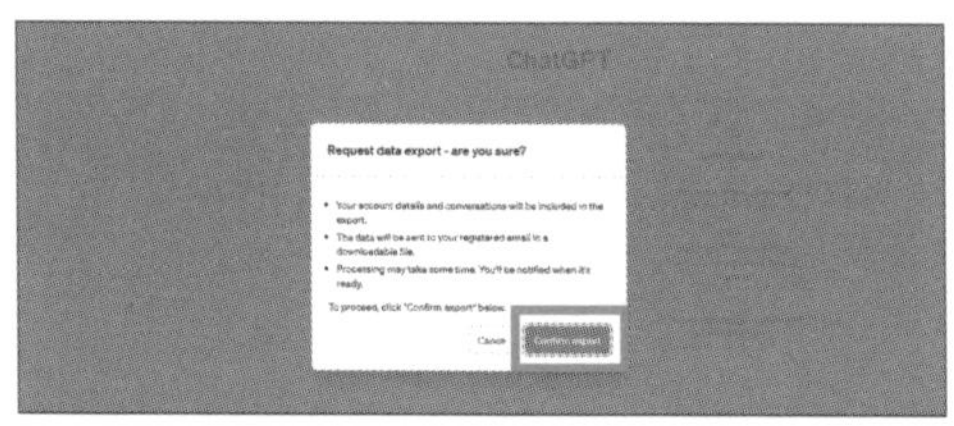

確認画面の内容に問題なければ「Confirm export」ボタンを押しましょう。

チャット履歴をすべて削除するには?

チャット履歴がたまってきて、すでにエクスポートも済んでいて履歴を消したい場合は、SettingsからGeneral（全般）を選んで「Clear all chats」の横にある赤い「Clear」ボタンを押しましょう。確認を求められるので**Confirm（確認する）ボタンを押せば、履歴がすべて削除されます**。ただし、履歴は30日間はサーバーに残ります。

「Settings」の「General」にある「Clear all Chats」の「Clear」を押すと、すべての履歴が削除されます。

また、有料版の登録はチャット履歴の下、アカウント名の上にある「**Upgrade to Plus**」から行います。

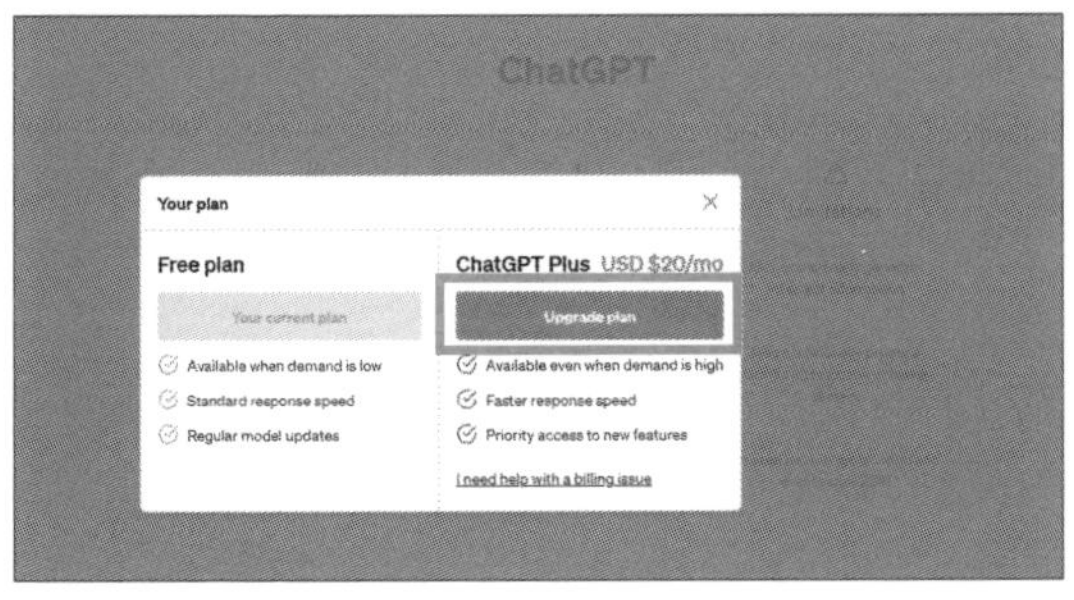

アカウント名の上の「Upgrade to Plus」を押すと、このような確認画面が表示されるので枠の部分をクリックして登録します。

グーグル（Google）……32ページ
アメリカの企業で、世界最大の検索エンジンやオンライン広告、クラウドコンピューティング、ソフトウェア、ハードウェアなどの事業を展開。創業者は当時スタンフォード大学に在籍していたラリー・ペイジとセルゲイ・ブリン。

Alexa（アレクサ）……39ページ
アマゾンが開発した音声認識システム。音声対話、スマートフォン操作、音楽再生、リアルタイムのニュースやスポーツ映像などを提供するバーチャルアシスタントＡＩ技術で、Ａｌｅｘａに直接話しかけて、さまざまな作業を行うことが可能である。２０１４年に登場した。

Siri（シリ）……39ページ
アップルの対話型ＡＩ。ユーザーは「ヘイ、シリ」という音声コマンドによってＳｉｒｉを動かすことができ、手によって操作しなくても、さまざまな作業を声だけで命じることができる。現在、この機能はアップル社のｉＰｈｏｎｅやｉＰａｄに搭載されている。

デモンストレーション……41ページ
抗議活動、企業活動などの商品提示、試作品といった意味で用いられる。機械やソフトウェア業界では、実物の動作を確認するための試作品という意味で用いられることが多い。

ジョブシャドウイング……41ページ
学生が多種多様な企業や組織の中に入り、どのような仕事をしているかを実際に体験すること。将来の自分の仕事を考える機会を提供するものとして、アメリカではインターンの前段階として、多くの企業で採用されている制度である。

フィードバック……54ページ
ある結果を原因に戻したり、ある入力を出力に戻したりすること。企業内ガバナンスにおいては、従業員に改善すべき点や評価を示し、軌道修正を促すことを表す語として使われる。

画像生成AI……56ページ
深層学習の技術を用いて訓練されたＡＩ。入力されたテキストに基づいて、新しい画像を生成することができる。生成された画像は、アニメ調にもリアルな見た目にもすることが可能で、アート作品の創造や画像合成など、さまざまな応用が期待されている。

ブラックボックス……57ページ
内部の作動原理や構造がわからなくても、外から見て、使用方法や働きを知っていれば十分に利用できる装置。こうした特徴から、内部構造が外からは見られない装置のこともこう呼ぶ。そのため、飛行機に搭載されているボイスレコーダーなどもブラックボックスと言う。

マイクロソフト……58ページ
アメリカのソフトウェア開発・販売会社。１９７５年にビル・ゲイツとポール・アレンによって創業された。主な製品としては、パソコン用ＯＳのウィンドウズやオフィスソフトのMicrosoft Office、家庭用ゲーム機のＸｂｏｘなどがある。

第 3 章

ChatGPTのしくみについてザックリ教えてください!

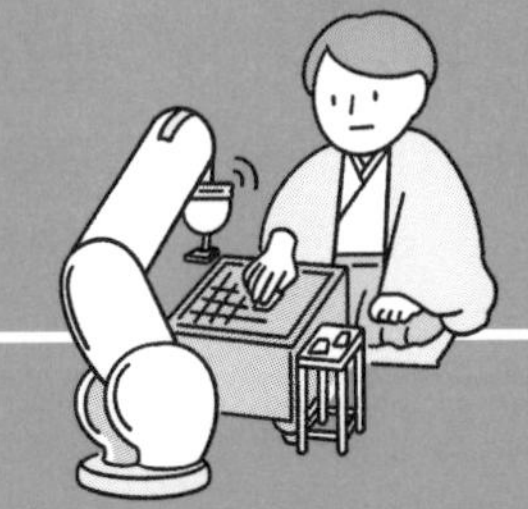

ChatGPTは簡単に使えることがわかったと思いますが、そのしくみや歴史について知ることでChatGPTのすごさがよりわかるでしょう。ここではしくみや歴史をザックリと解説していきます。

OpenAIってなんですか?

お答えしましょう!

ChatGPTを開発した非営利の研究機関であり、子会社に営利法人を持っている組織です。

■ OpenAIの現在の構成

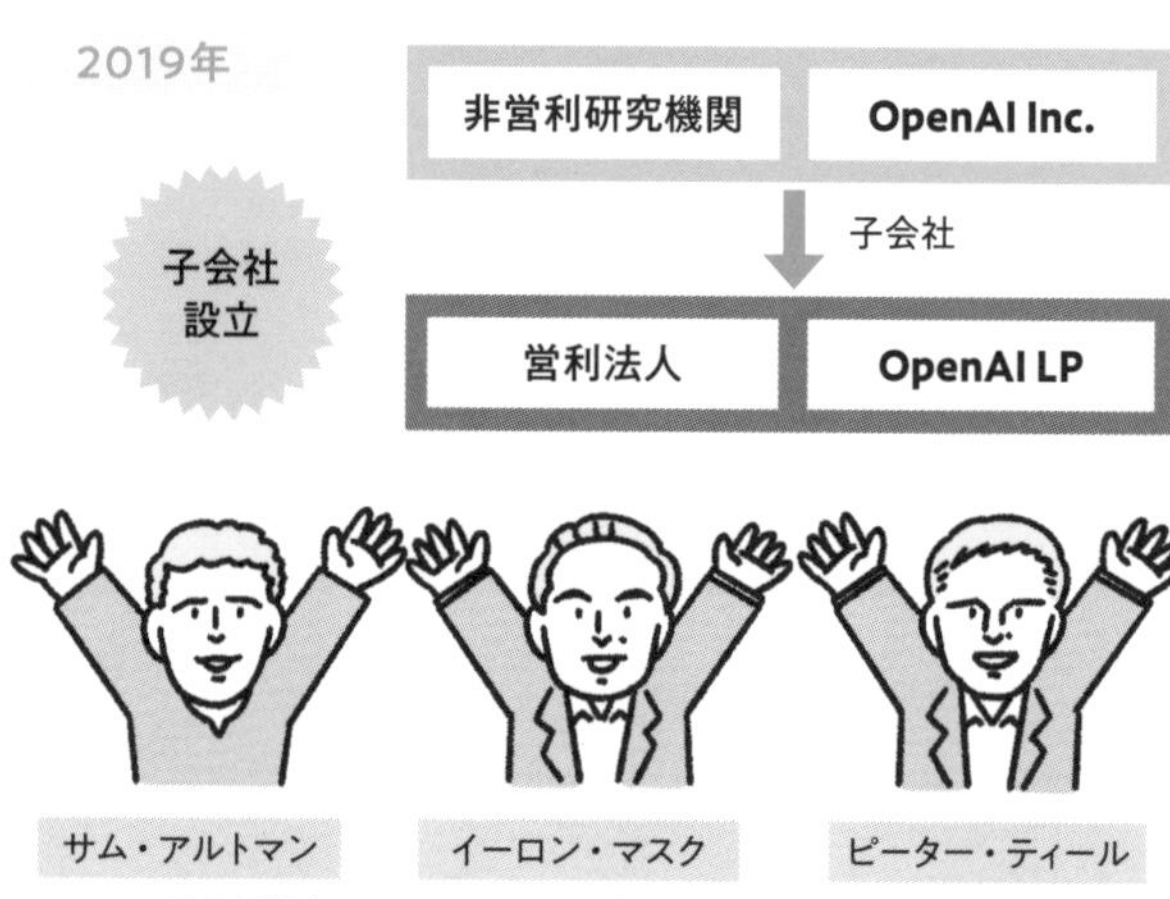

非営利の研究機関と営利法人が1つに

ChatGPTを開発・リリースしたOpenAIはサンフランシスコに本拠を構える研究機関です。設立は2015年で、サム・アルトマンやテスラのイーロン・マスク、ピーター・ティールなどが設立者に名を連ねています。

非営利団体としてスタートしましたが、2019年3月11日、営利部門のOpenAI LPを設立しました。これにより、**非営利の研究機関であるOpenAI Inc.**

POINT

OpenAIの設立にはテスラのイーロン・マスクも関わっている

■ OpenAIが開発しているAI

文章生成AI

ChatGPT

画像生成AI

DALL·E2（ダリツー）

音声認識AI

Whisper（ウィスパー）

3Dモデル生成AI

Point-E（ポイントイー）

の子会社として営利団体であるOpenAI LPが属する組織構成になりました。

マイクロソフトが49％の株式を取得した

2022年11月30日、OpenAIはChatGPTをリリースすると、瞬く間に世界的な大ブームを引き起こしましたが、2023年1月23日にはマイクロソフトから100億米ドルもの出資を受けたことによって、同社がOpenAIの株式の49%を取得することとなりました。

マイクロソフトは今後も数年間にわたって、OpenAIに追加出資すると発表しています。

OpenAIが開発しているAIはChatGPTだけに留まりません。画像生成AIのDALL·E2（ダリツー）、音声認識AIのWhisper（ウィスパー）、3Dモデル生成AIのPoint-E（ポイントイー）などのAIを開発しており、今後ChatGPT以外のAIが注目される可能性も十分にあります。

KEYWORD

イーロン・マスク……起業家。電気自動車、宇宙開発などさまざまな分野で経営手腕を振るう。OpenAIの設立者の一人。

LLM（大規模言語モデル）って何ですか？

大量の事前学習を行った言語モデルがLLM

本書の冒頭でも紹介した**大規模言語モデル**という言葉を覚えているでしょうか。英語でLarge Language Model（ラージランゲージモデル）と言い、**LLM**と略されます。ChatGPTはLLMが元になって作られているのですが、そもそもLLMとはどのようなものなのでしょうか。

LLMとは、**大量のテキストデータを用いて事前学習を実行し、そのおかげで複数のタスクに対応することができるようになった言語モデル**のことを言います。そして、このLLMを目的に合わせて微調整を行ったのが、ChatGPTのような対話型AIサービスなのです。なお、この微調整を**ファインチューニング**と呼びます。

ChatGPTを作るために使われたLLMはGPT-3というモデルですが、実際にChatGPTの内部で動いているのはさらにパラメータを増やしたGPT-3.5というモデルです。

つまり、大量のデータで事前学習したLLMであるGPT-3.5を、「人と対話しているかのような対話ができるAI」という目的に合わせてファインチューニングを施したのが、ChatGPTなのです。

そして、ここからが重要なのですが、LLMは別の目的に合わせて微調整することも可能であり、**今後ChatGPTとは異なるAIサービスが同じGPT-3.5から生まれることもありえます**。また、全く違うLLMから別の対話型AIが生まれてくる可能性もあります。

POINT

LLMを目的別に微調整したのがChatGPT

お答えしましょう！

ChatGPTのようなAIの元になっている、事前に大量のデータで学習した言語モデルのことです。

■ LLMって何ですか？

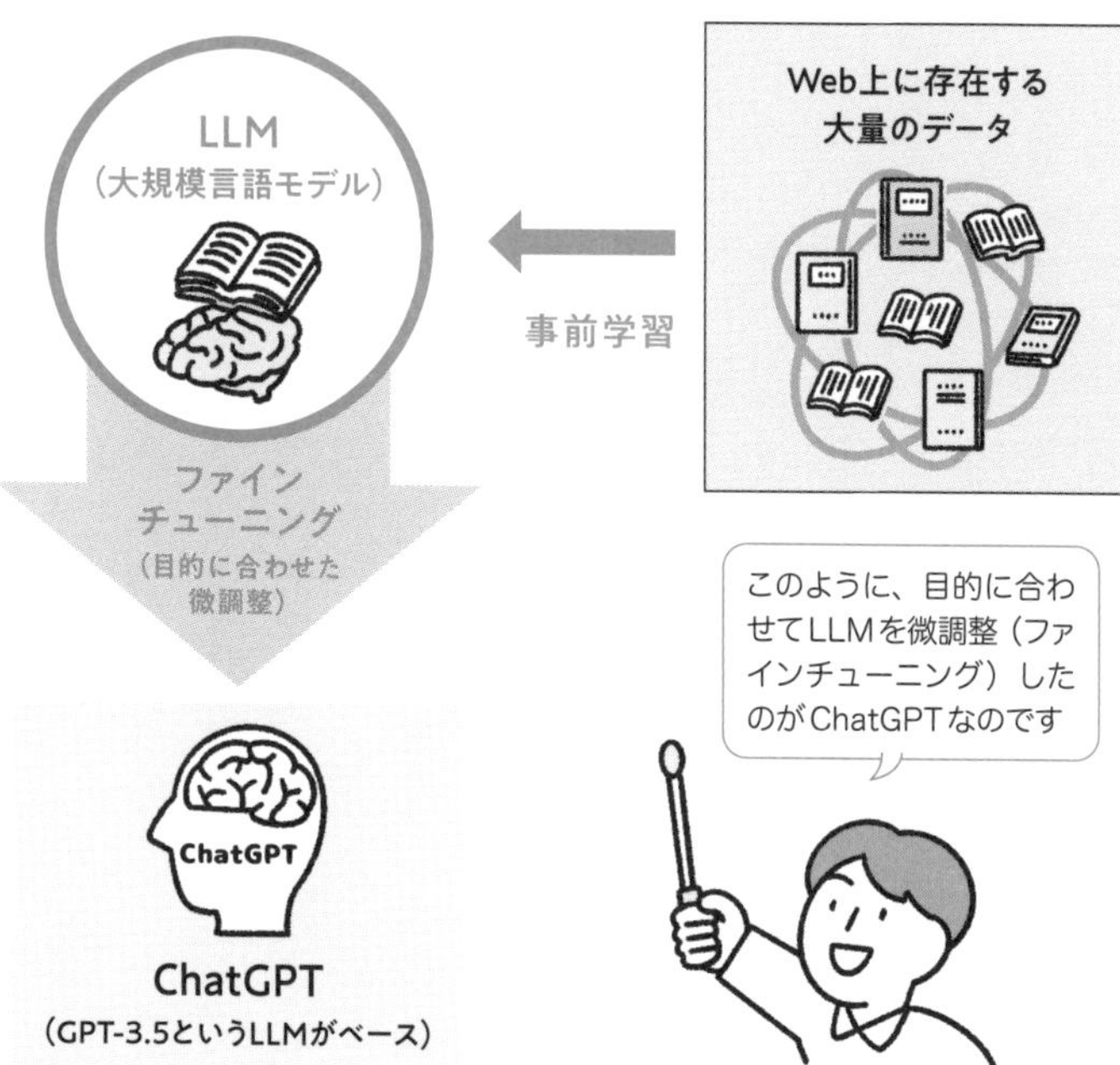

KEYWORD

言語モデル …… 人間の言語を単語の出現確率を用いてモデル化したもの。左から右に順々に単語を予測するCausal Language Model（コーザル ランゲージ モデル、CLM）と、文中の単語を一部隠して「穴埋めクイズ」を解くMasked Language Model（マスクド ランゲージ モデル、MLM）がある。

ChatGPTができるまでの道のりを教えてください

POINT

OpenAIはAIが生成する誤情報や攻撃的な文章を減らすことに成功

長年のAI研究が実を結んでChatGPTが誕生

2022年11月のリリース以来、ChatGPTは世界を席巻する勢いです。ChatGPTは誕生までにどんな道を歩んできたのでしょうか。

1980年代、ChatGPTの基礎となるさまざまな長さの文字や単語で構成されているテキストを理解できる「ニューラル・ネットワーク」が考案されました。その後、2017年にはニューラル・ネットワークの一種である「Transformer（トランスフォーマー）」が発明され、**より長い文章の処理とさらに正確な単語の理解ができるようになりました。**

2015年、OpenAIが汎用型AIの開発を目指す非営利団体として結成されると、2018~2019年にかけて同社はGPTとGPT-2という2つの大規模言語モデルを発表。**GPTはTransformerと教師なし学習を組み合わせたもの**でした。教師なし学習とは、人の手が入っていない大量のデータを用いてコンピュータが自動で学習する方法です。

2020年にリリースされたGPT-3になると、さまざまな質問に答え、文章を要約し、物語を作り出すなど、その性能は飛躍的に向上しました。

しかし、同時にインターネット上のデータを学習させると「有害なテキスト」を生みだしてしまうという問題も発生していました。

その後、OpenAIは、**GPT-3が生成する誤情報や攻撃的なテキストを減らすことに成功**し、ChatGPTをリリースしたのです。

お答えしましょう！

1980年代から続いてきた大規模言語モデルの研究が結実し、ChatGPTが誕生しました。

■ ChatGPTができるまで

回帰型ニューラル・ネットワークが考案される

〔1980～90年代〕

さまざまな長さの文字、単語で構成されているテキストを理解することができる「ニューラル・ネットワーク」が考案され、この技術がChatGPTの基礎となりました

Transformerが発明される

〔2017年〕

グーグルによって「Transformer」が発明され、テキストの並びの中のどこに特定の単語やフレーズが現れるかを追跡することが可能に

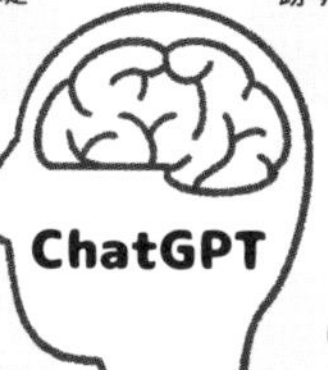

GPT、GPT-2、GPT-3への進化

〔2018～2020年〕

OpenAIがGPTとGPT-2という大規模言語モデルを開発しましたが、「暴力的な言葉を生み出してしまう」などの問題がありました。その課題は残りつつも、GPT-3では人間が書いたかのようなテキストを生み出せるようになりました

Chat-GPTのリリース

〔2022年11月〕

OpenAIは「有害なテキスト」「攻撃的な文章」「誤情報」を生成してしまう問題を解消する取り組みをつづけ、2022年1月に人間の指示に従うことに優れた改良版・インストラクトGPTを生み出し、同年11月、ChatGPTのサービスが公開されました

KEYWORD

ニューラル・ネットワーク……人間の脳の神経回路を模した構造、また、その構造を持った数理モデルのこと。語源は脳の神経細胞である「ニューロン」。

ChatGPTのしくみ 4

GPTっていろいろな種類があるのですか？

POINT
新しいGPTが作られるたびに人間らしい文章が生成可能に

GPTはOpenAIが開発したLLM

OpenAIが開発した大規模言語モデル（LLM）であるGPTとは、そもそもどういう意味なのでしょうか。**GPTは、Generative Pre-trained Transformer（ジェネレイティブ プレ トレインド トランスフォーマー）の略**で、日本語に訳すなら「**生成事前学習モデル**」となります。

つまり、GPTはTransformerというニューラル・ネットワークの一種（71ページ参照）を使って**インターネット上の情報を学習した大規模言語モデルだという意味**です。

2018〜2019年にかけて、OpenAIはわずか数カ月のタイムラグでGPTとGPT-2という2つの大規模言語モデルをリリースしました。

GPTは、大量のテキストデータを分析させることで言語モデルを訓練する「教師なし学習」（73ページ参照）と前述のTransformerを組み合わせて事前学習を行ったところが特徴で、これによって時間とコストを大幅に削減することができるようになりました。

その後、2020年にGPT-3が発表されると、まるで人間が書いたようなテキストを生成することが可能となり、人々の関心を集めました。**ChatGPTは、このGPT-3の改良型であるGPT-3・5を元にして作られています。**

さらに、2023年3月には最新モデルのGPT-4が公開されました。OpenAIは「GPT-3・5よりもはるかに創造的で信頼性が高く、より細かい指示に対応できる」とその性能を誇っています。

＼ お答えしましょう! ／

GPTからGPT-4までバージョンアップしてきました。ChatGPTはGPT3.5を元に作られています。

■ GPTってそもそも何?

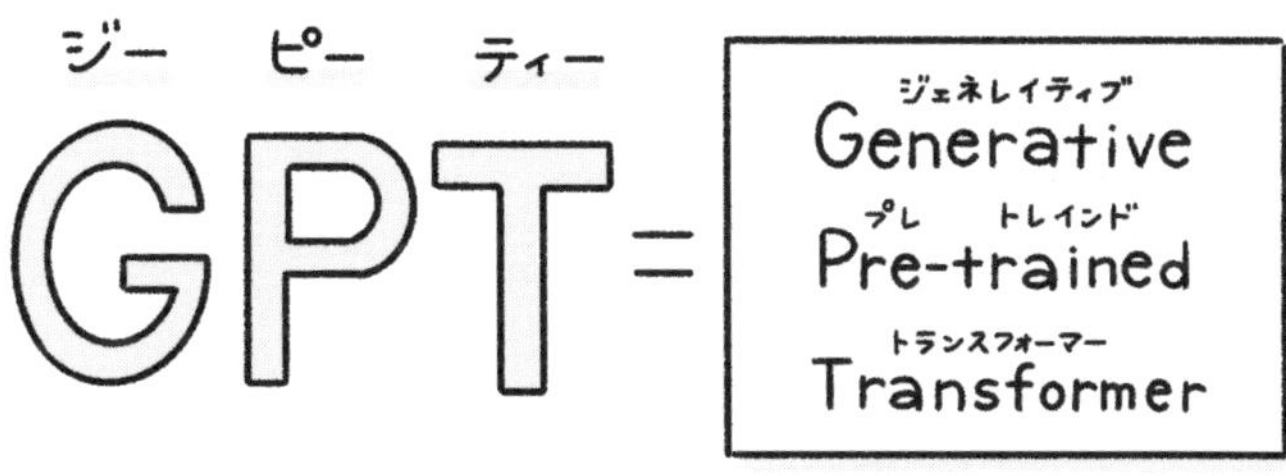

Generative（生成）、Pre-trained（事前学習）、Transformer（トランスフォーマー）の頭文字を取ってGPTと呼ばれています。これまでにGPT、GPT-2、GPT-3、GPT-3.5、GPT-4が開発されてきました。ChatGPTの有料版であるChatGPT PlusではGPT-4の使用が可能です

GPTのような大規模言語モデルは、大量のWeb上のデータを元に事前学習をしているので、すでにある程度の能力を持っている状態です。こういった大規模言語モデルをファインチューニングしたものがChatGPTのような対話型AIになるのです

KEYWORD

教師なし学習 …… AIに学習させる方法の1つ。学習データに正解を与える学習を「教師あり学習」、学習データに正解を与えないで学習させる方法を「教師なし学習」という。

Transformerって結局、なんですか？

お答えしましょう！

大規模言語モデル、ひいてはChatGPTの実現を可能にした、画期的な発明です。

■ Transformerの何がすごいのか？

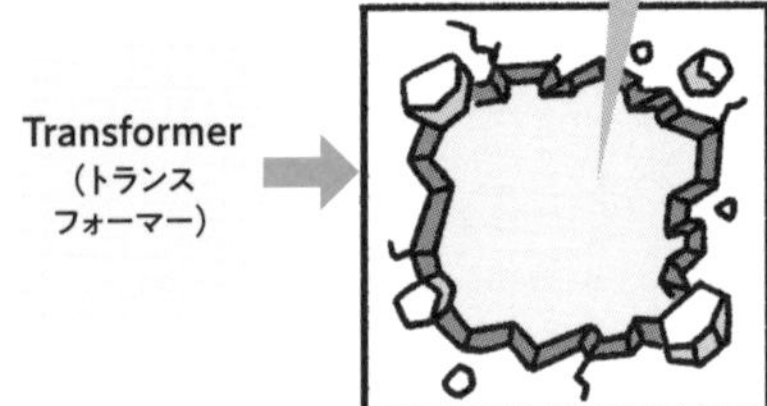

Transformerの登場のおかげで低コスト・高速で大量の言語データを学習することが可能になり、大規模言語モデルが実現することになりました

Transformerがなければ、ChatGPTもなかったと言っても過言ではないくらい重要な発明だったんです

POINT

自然言語処理を飛躍的に発展させるきっかけとなった

Transformerの誕生が壁を破るきっかけだった

ＣｈａｔＧＰＴの元になっている大規模言語モデル（ＬＬＭ）ができたのは、２０１７年のTransformerの誕生によるブレイクスルーによって可能になったと言われています。

Transformerが発明されたことが、大規模言語モデルの発展を加速させることになり、ひいてはＣｈａｔＧＰＴのような、それまでの対話型ＡＩとは次元の違うＡＩサービスの誕生を可能にしました。つまり、

■ Transformerの画期的なところは？

Transformer
（トランスフォーマー）

この「高い」は「パソコン」という言葉との関連から、値段が高いという意味です

高いという言葉には、値段が高い、標高が高い、頻度が高い、プライドが高いなどさまざまな意味合いがありますが、Transformerは文章の中のどの言葉に注意を向けるかによって、その言葉の意味を正確に理解することができるようになりました。これによって自然言語処理が飛躍的な発展を遂げたのです

あのパソコンは高い

Transformerがなければ、ChatGPTも生まれなかったと言っても過言ではありません。

大量の言語データを低コスト・高速で学習

Transformerは、2017年、グーグルとトロント大学の研究チームによって発表された自然言語処理に関する論文がきっかけとなって生まれた深層学習モデルで、ニューラル・ネットワークの一種として開発されました。

その特徴は、Attention（注意機構）と呼ばれる機構によって、特定の単語の意味に注目することで、文章の中の単語の意味をより正確に理解できるようになったことでした。

これによって、**大量の言語データを低コストでより速く学習できるようになり**、大規模言語モデルの実現が可能になったのです。GPTはこのTransformerを使って作られた大規模言語モデルなので、最後にTがついているのです。

KEYWORD

自然言語処理（NLP）……人間が日常的に使用している言語（自然言語）をコンピュータに処理させること。

ChatGPTのしくみ 6

AIはどうやって学んでいるのですか？

POINT

ChatGPTは様々な学習法を組み合わせて学習している

AIが人間の言語を学習する様々な方法

2017年、Transformerという学習モデルが登場したおかげで大規模言語モデル（LLM）が実現されることになり、その結果としてChatGPTが誕生することになりました。しかし、そもそも**ChatGPTのような自然言語処理を行うAIは、どのように学習しているのでしょうか。**

これまでにも登場してきた「深層学習」「教師あり学習」「教師なし学習」なども改めて解説していきましょう。

ChatGPTのようなAIは、私たち人間が日常的に使っている言語に対してコンピュータが認識・分析する「**自然言語処理**」を行っています。自然言語処理を行うことによって、コンピュータは機械翻訳、予測変換、検索などが可能になっているのです。

この**自然言語処理が飛躍的に発展したからこそ、ChatGPTが誕生することになった**といってもいいでしょう。

AIのような機械がデータを学習してさまざまな予測・判断を行うことを「**機械学習**」と言います。機械学習には、データに「正解」「不正解」のラベルをつけて渡す「教師あり学習」、ラベルをつけずにただデータを渡してAI自身に分析させ学習させる「教師なし学習」、一定のルールの下で学習させ、成果に応じて報酬を与える「強化学習」などがあります。

また、人間の神経細胞を模した構造を持った学習法を「深層学習（ディープ・ラーニング）」と呼びます。

お答えしましょう！

教師あり学習、教師なし学習、強化学習、深層学習などによって人間の言語を学んでいます。

■ AIはどうやって人間の言語を学習している？

教師あり学習

膨大なデータに人間が事前に「正解」「不正解」のラベルをつけたものをAIに与えて学習させる方法。これにより、AIが何が正解かを見極められるように訓練します

教師なし学習

膨大なデータに人間がラベルをつけずに、つまり何が正解かを教えずにAI自身に情報の分析と判別をさせる方法。この方法のほうがコストが低くなる反面、精度が下がることも

ChatGPTはこれらの学習法を組み合わせて訓練されている！

強化学習

一定の環境の下でAIに試行錯誤をさせ、結果に応じて報酬を与える学習法。囲碁や将棋のAIなどに使われています（詳しくは次頁参照）

深層学習（ディープラーニング）

人間の脳の神経細胞を模した多層的な構造を持った学習法。これによりAIが物事を多層的に理解できるようになるため、車の自動運転などの分野で使われることも（詳しくは次頁参照）

KEYWORD

強化学習 …… 機械学習の一つ。ある環境下における試行錯誤を繰り返させ、その結果に応じて報酬を与える学習法。

ChatGPTはどうやって精度を上げているのですか？

お答えしましょう！

複数の機械学習を組み合わせていますが、なかでも、強化学習と深層学習で精度を上げています。

■ ChatGPTはどうやって精度を上げている？

強化学習　人間がルールを作り、 フィードバックを送る（報酬の基準を決める）ため人間の判断なしには成立しない学習法です

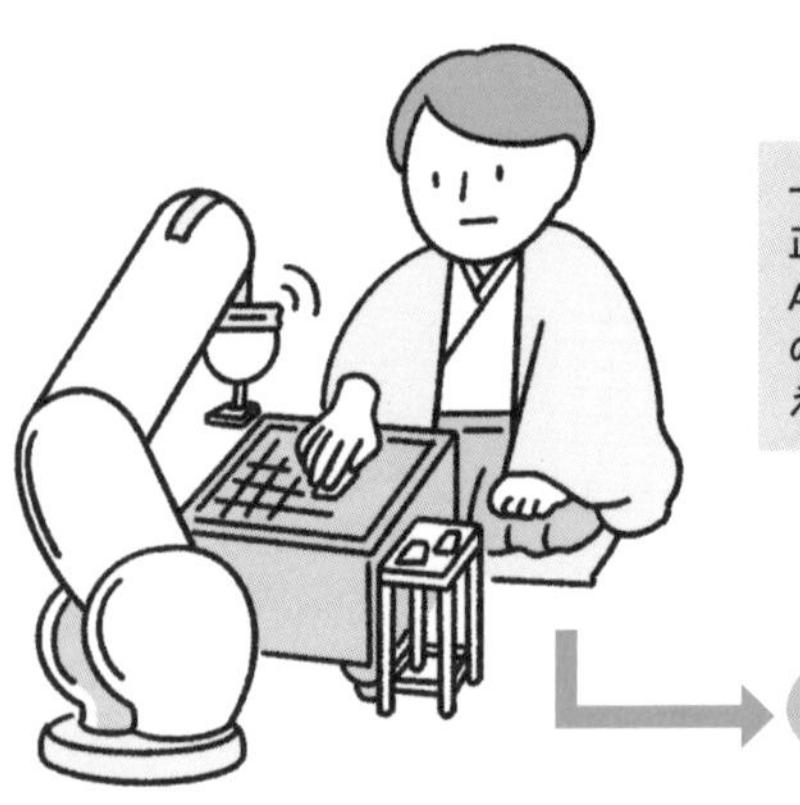

一定のルールの下で何が正解で何が不正解かをAIに試行錯誤をさせ、その結果に応じて報酬を与える学習法。

囲碁や将棋のAIに活用

POINT

AIが何をどう判断したのかは証明できない

2つの学習法が精度の向上に貢献

ＣｈａｔＧＰＴは複数の機械学習の方法を組み合わせて精度を高めていますが、そのうち大きく貢献しているのは**強化学習と深層学習**です。

強化学習とは、ＡＩに試行錯誤をさせ、ＡＩが正解を選べたらプラスの報酬を与え、不正解を選んだらマイナスの報酬を与えるという一定のルールの下で行われる学習方法です。強化学習でトレーニングを受けているＡＩとしてよく知られているの

■ 深層学習とは？

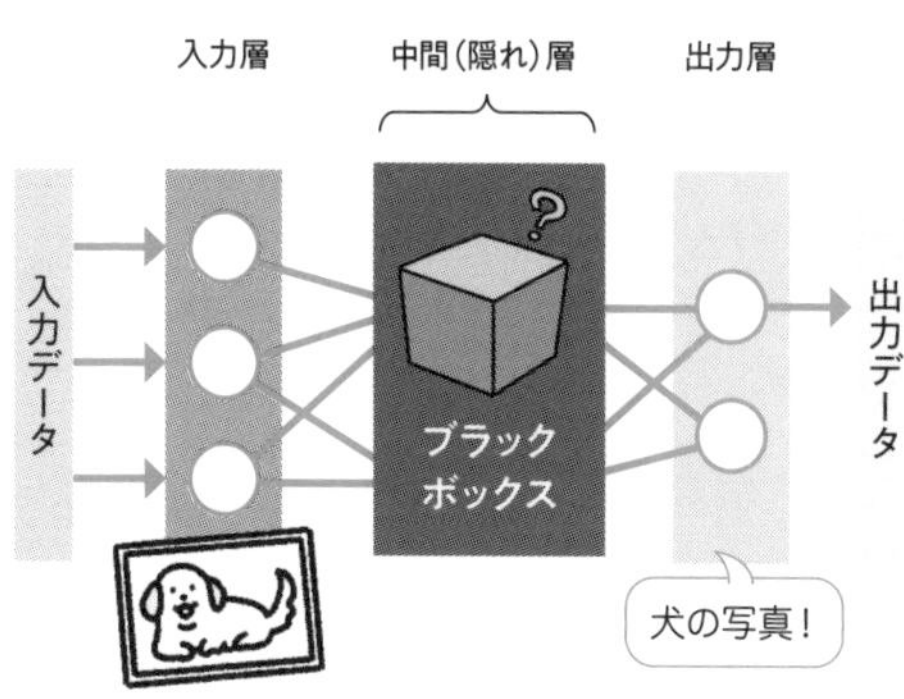

人間の脳を模した構造を持つニューラル・ネットワークを使って学習する方法。中間層が多ければ多いほど複雑な判断が可能になりますが、中間層が「なぜその判断を下したのか」については説明ができないとされています。

は、囲碁や将棋のＡＩです。

ＡＩの判断についてはブラックボックス

深層学習とは、人間の脳内に約８６０億個存在していると言われている神経細胞とそれらをつなぐシナプスの構造を模したニューラル・ネットワークというモデルが使われている学習法です。

深層学習のニューラル・ネットワークは、入力層・中間層・出力層に分かれており、例えば画像認識ＡＩでは、入力層に写真を入力するとその写真の特徴を中間層が様々な判断基準を用いて分析、それが「犬の写真」であることが認識されて出力層に出力されるという仕組みです（上図参照）。

この時、判断を下す中間層は複数存在しており、**ＡＩが何をどう判断したのかについては説明できない**とされています。つまり、**中間層はブラックボックス**なのです。

KEYWORD

中間層……深層学習において、入力層から情報を受け継いで様々な判断を行う層。３層以上の中間層を持つ場合に「深層学習」と呼ばれる。

ピーター・ティール…………66ページ
1967年生まれのアメリカの実業家・投資家。経済的自由至上主義者で、PayPalというオンライン決済システムサービスを創設した中心人物の一人。トランプ前大統領の顧問であり、影の大統領と呼ばれ、トランプ政権の新自由主義政策を強く押し進めた。

ファインチューニング…………68ページ
すでに学習が終了したモデルの一部と新たに追加されたモデルの一部とを総合化して、再学習する方法。学習済みのモデルを利用することで、一から学習するよりも短時間で学習が可能であり、効率的であるという利点が存在している。

トロント大学…………75ページ
カナダ最高峰の大学。オンタリオ州トロントに本部がある1827年に創立された州立大学。さまざまな分野の研究を行っているが、人工知能におけるディープラーニングの研究では世界トップレベルの水準にある。また、アルツハイマー病の研究でも世界的に知られている。

Attention（アテンション）**（注意機構）**…………75ページ
データのどの部分に注目すべきかをダイナミックに特定化するシステム。元々は自然言語学習のディープラーニングに基づく方法から構築されたものであるが、現在ではこの方法が画像認識や時系列データの解析にも用いられている。

自然言語…………76ページ
人間が日常使っている言語。情報工学などにおいて人工言語の反意語として用いられる。自然言語は人工言語に比べてさまざまなあいまい性がある。そうしたあいまい性をAIに理解させるための一連の技術として、自然言語処理が近年注目を集めている。

神経細胞…………76ページ
動物の体内で、脳や脊髄などの神経系を構成する細胞。この細胞は細胞体、神経突起、軸索の三つの部位から成り立ち、情報処理と情報伝達の働きを担っている。ニューロン（neuron）と呼ばれる場合もある。人間の脳には約860億個の神経細胞が存在している。

シナプス…………79ページ
神経ネットワーク上の情報伝達の中心部分を担っている。あるニューロンと他のニューロンとを繋ぐ部位であるシナプス（synapse）は、情報を出力するシナプス前膜と情報を入力するシナプス後膜から成り立っている。ニューラルネットワークの場合は、人工ニューロンと呼ばれるものが繋がりあってシナプスを形成している。

画像認識AI…………79ページ
映像やイメージといった画像を認識できる人工知能。設定されたレベルに応じて画像解析する「レベル判定型」、物体を探知・区分する「分類型」、画像内の対象の位置情報などを認識する「検出型」の3つに大きく分けられる。

第 4 章

難しいことはさておき、ビジネス活用術が知りたい！

もちろん、ChatGPTはビジネスに生かすこともできます。しかし、どのようにすれば120％活用できるのでしょうか？　また、ChatGPTによって私達の仕事はどのように変わるのでしょうか。

何でも話せる相談相手になり得るというのは本当でしょうか？

お答えしましょう！

知識を問う質問には向いていませんが、何でも気兼ねせずに話せる相手になるでしょう。

■ ChatGPTは何でも話せる相談相手

コツを教えてもらう

アイデアを出してもらう

ChatGPTに何でも相談してみよう！

ChatGPTを導入することで、私たちの仕事はどう変わっていくのでしょうか。ChatGPTを適切に使えば、私たちはさまざまなメリットが得られるようになります。

多くの人たちが享受できるメリットとして、ChatGPTが**「何でも話せる相談相手」になってくれること**が挙げられます。

これまでにも何度か触れてきたように、ChatGPTを百

POINT

ChatGPTは一般論的なコツ、アイデアなどを教えてくれる

■ AI相手なのでどんなにしつこくても嫌な顔をされない

ChatGPTには、どれだけしつこくしようが、何度も要求を出そうが、嫌な顔をされません。遠慮をする必要はありません。話したいと思った時に、いつでも、何でも、どんな風にも話せるというのは大きなメリットです

科事典のように使うことは情報が不正確な場合があるため、あまりおすすめできません。自分で検索したほうが、正しい情報に素早くたどり着けることもあるでしょう。しかし、**一般論的なコツを聞いたり、アイデア出しの補助を頼んだりする**のにはとても向いています。

ChatGPTはアイデアをすぐに出してくれる

試しにChatGPTに対して、キャッチコピーなどを出してもらいましょう。完璧なアイデアは出てこないかもしれませんが、アイデア出しのためのたたき台は、すぐに出してくれるはずです。また、一度出してもらったアイデアに注文をつけることも可能です。

ChatGPTは、どれだけしつこく質問しても、必ず答えてくれます。そういう意味では、タイミングなどを気にせずに、何でも話せる**相談相手が一人増えるのと同じ状態になる**と考えて差し支えないでしょう。

KEYWORD

何でも話せる相談相手……時と場合はもちろん、パワハラなども気にせずに気軽に何度も相談が可能というのも特徴。

どんなビジネスシーンで活用できますか？

POINT

ChatGPTが得意とする能力を活用して業務を効率化する

下書きをChatGPTに書かせて人間が直す

ChatGPTは、今後ビジネスシーンでどのように活用されていくのでしょうか。文章生成AIであるChatGPTが現時点で得意としているのは先ほどの「**アイデア出し**」や「**まとめ（要約）**」です。例えば、長い議事録の音声を文字に起こしたあとで、それをChatGPTに要約してもらえば、議事録作成の手間をかなり省くことができます。

これと同じように、現在、外注のスタッフにお願いしているブログ記事の作成やSNSの運用なども、将来的にはChatGPTが全部引き受けることができてしまうかもしれません。

また、事実を単に述べるだけの文章については、ChatGPTにも書くことができますので、そういった仕事をChatGPTに任せるようになっていくことになるでしょう。

さらに、将来的には、自分のメールの文章の特徴をChatGPTに学習してもらい、送られてきたメールを読み込むと自動で返信メールの下書きを作成してくれるようにもなるかもしれません。人間の仕事は、その下書きを手直しするだけになるわけです。

それ以外にも、これまで人間がイチから作成していた資料や企画書などもChatGPTの下書きを手直しするという形に移行していく可能性があります。このように、ビジネスシーンにおいてChatGPTに期待されているのは、**AIで代替可能な日常業務の効率化と、外注費のコスト削減**なのです。

お答えしましょう！

文章作成など日常業務の効率化、外部に発注していた仕事のコスト削減などが可能になると考えられています。

■ ChatGPTはビジネスシーンでどう活用される？

業務効率化

自分のメールの特徴を学習してくれているから、自動で下書きを書いてくれて便利！

外注費削減

今まで外部に依頼していた仕事を社内でできるようになった！

ブログ記事（まとめ記事）作成

SNSの運用

ChatGPTを使って社内の人間が行う

これら以外には、キャッチコピーを100個考えるなどの「アイデア出し」の補助をしてもらう、大量の論文の要約や翻訳の下訳をしてもらってコストと時間を削減するといったシーンでも使われる可能性があります

KEYWORD

ブログ記事……複数のサイトの内容をまとめたような内容のいわゆる「まとめ記事」は、今後、ChatGPTが作成するようになる可能性がある。

表計算ソフトの関数計算もできる？

POINT
計算結果を聞くのはおすすめできないが関数についての質問はOK

エクセルの使い方を学ぶ補助として使える

ＣｈａｔＧＰＴは、前項でも触れたように**「計算が苦手」**です。そのため、マイクロソフトのエクセルのような表計算ソフトの代わりに計算してもらうのはおすすめできません。

ＣｈａｔＧＰＴをエクセルに関連した業務で使う場合は、**「エクセルについてわからないことを質問する」というのがおすすめ**です。ＣｈａｔＧＰＴは、エクセル関数やプログラミングについて、かなり詳しい知識を持っています。そのため、もしエクセルを使っていて「こういう時はどんな数式を入力すればいいのだろう？」と壁にぶち当たってしまった時にＣｈａｔＧＰＴに質問すると、答えをすぐに教えてくれたりします。

例えば、Ｂ列に人の名前、Ｃ列に出席の可否、Ｄ列にそれぞれの人の参加費を自動で入力する表を作成したい場合、どんな数式が必要になるのかをＣｈａｔＧＰＴに聞いてみると、すぐに数式を教えてくれます。その数式をコピーし、エクセルに貼り付けるときちんと計算することができるのです。

このように、やりたいことがわかっていてもどのように数式を入力すればいいかわからないときに、ＣｈａｔＧＰＴに聞いて教えてもらうという使い方がおすすめです。

また、「ChatGPT for Excel（チャットジーピーティー フォー エクセル）」というアドインを使用すれば、エクセル関数を使ってエクセル内でＣｈａｔＧＰＴに質問することができます。ただし、**たまに間違った知識を教えてくる**ことは、これまで説明した通りです。

お答えしましょう!

計算自体は不得意なChatGPTですが、エクセルの知識については詳しいのでわからないことを聞いてみましょう。

■ ChatGPTにエクセルの使い方を聞いてみよう!

出席者は参加費4000円、欠席者と保留の人は0円と自動で入力したい場合、関数はどうすればいいの?

その場合の関数は以下のようになります。

ChatGPT for Excelはエクセルの「Officeアドイン」画面から追加できます。ChatGPTのアカウントがあれば、エクセル内でChatGPTへ質問が可能です。

KEYWORD

アドイン …… ソフトウェアに機能を追加する手続きやプログラムのこと。機能拡張用のプログラムを組み合わせることでソフトウェアをより便利にできる。

ウェブブラウザの拡張機能を利用するってどういうこと？

POINT
ChatGPTと音声で会話し、メールの代筆を頼むことも可能に

拡張機能でできることは他にもたくさんある

ChatGPTの活用法として、ぜひ覚えておいていただきたいのが、ウェブブラウザの**Google Chromeの拡張機能にChatGPTを活用できるものがある**ということです。まずは、ChatGPTと音声で会話できるようになるTalkBerry-Talk To ChatGPT。これを使うと、こちらの音声をテキストにしてChatGPTに伝え、ChatGPTの返事も合成音声にしてくれます。

日本語だとまだ合成音声の感じが強いので不自然かもしれませんが、英語ならある程度滑らかに会話が可能です。AIの音声認識機能は日進月歩で向上してきていますので、いずれは**AIと普通に音声で会話することが当たり前になるでしょう。**

次に、AIPRM for ChatGPTという拡張機能もおすすめです。こちらはChatGPTの使い方がテンプレートとして用意されており、SEOに適した文章を作って欲しい場合はそのテンプレートを選んで指示を出すだけで、きちんとその目的に沿った文章が出力されます。

他には、ChatGPT for Googleという拡張機能を使えば、グーグルの検索結果と同時にChatGPTの回答結果を表示してくれますし、ChatGPT Writerという拡張機能を使うとメールに書いて欲しい内容を箇条書きにするだけで、メールの代筆をしてくれます。このように、Google Chromeの拡張機能とChatGPTを掛け合わせると、じつにさまざまなことが効率化できます。

お答えしましょう!

Google Chromeの拡張機能と連携することで、簡単に作業が効率化できるようになります。

■ Chromeの拡張機能との連携でできることとは?

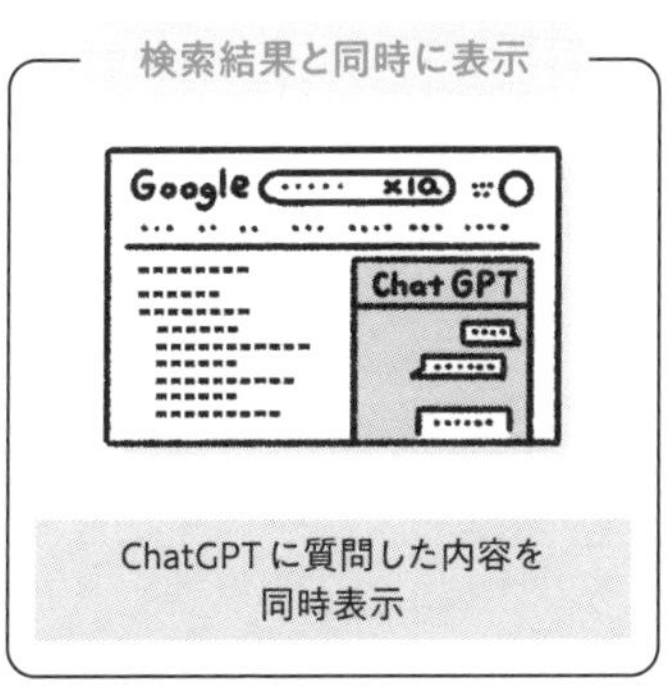

KEYWORD

SEO …… 検索エンジン最適化(Search Engine Optimization)のこと。検索エンジンの上位に表示されるようなコンテンツを作る対策の総称。

ウェブサイトの更新がすぐにできる？

POINT

今後ますます目的に特化した文章生成AIが生まれる!?

特化型のAIなら ウェブ記事作成も簡単

企業のブログ記事や、複数の情報をまとめた「まとめ記事」などの作成には、ＣｈａｔＧＰＴを活用できることは、ほぼ間違いありません。さらに、プログラムのコードを書くこともできるので、それをウェブサイトに載せることも可能です。しかし、実際のところ実用性はどの程度でしょうか。

まず、現行のＣｈａｔＧＰＴではウェブサイトの記事を作成するには、それなりの手間がかかります。

なぜなら、ＣｈａｔＧＰＴは文章生成ＡＩではありますが、ウェブサイト記事の作成に特化しているわけではないため、希望の記事が出来上がるまでに何度も指示を出さなければいけないなど、**指示の出し方にもコツが必要**だからです。

ところが、Wix ADI（ウィックス エーディーアイ）などの「ウェブサイト記事作成に特化した文章生成ＡＩ」を使えば、ウェブサイト記事の作成を、ＡＩにかなり効率的に行ってもらうことが可能です。

Wix ADIでは、自分が作成したいウェブサイト記事のタイトル、導入文、本文などを「こちらの希望に添った形で」自動で生成してくれます。簡単な質問に答えるだけで、望んだ方向性やコンテンツが整った下書きを作ってくれるわけです。それに対して、フィードバックを伝えて、さらにブラッシュアップしていくことも可能です。

こういった**特定の目的に特化した文章生成ＡＩは、今後続々とリリースされる**と考えられています。

お答えしましょう!

ChatGPTで行うのは難しいですが、その目的に特化した文章生成AIサービスを使えば可能です。

■ AIにウェブサイトの記事を作成してもらうには?

ChatGPTの場合

自分の思い通りの記事を作るまでに何度も指示が必要だし、指示するときのコツがわからないと難しいな…

何度もやり直してくれるが、なかなか完成しない…

特化型AIの場合

ウェブサイトの記事作成に特化したAIだから、ものすごく楽に記事を作成できた!

「Wix ADI」なら質問に答えるだけでウェブサイトが簡単に作成できる

ウェブサイトの記事を文章生成AIに書いてもらう場合は、ChatGPTのような幅広いジャンルの文章に対応した汎用型のAIを使うと、指示の出し方にコツが必要なため手間も時間もかかってしまいます。しかし、その目的に特化したAIを使えば、スムーズに記事を作成できます

KEYWORD

Wix ADI …… ブラウザ上でコードを書かずにWebサイトを作成できるノーコードツール「Wix」の機能のひとつ。

議事録作成もお任せできる？

POINT
議事録作成に利用する際は、機密情報の取り扱いに注意が必要

文字起こししたものをChatGPTで要約

ChatGPTは、**長い文章を要約するのが得意**ですので、議事録の作成にも使うことができます。

ChatGPTを使った議事録の作成方法は、まず、会議の音声を用意します。その音声を文字起こしアプリを使って、文字に変換してもらいます。そうして文字起こしされたテキストを、ChatGPTに流し込んで「この文章を要約してください」と頼むのです。すると、ChatGPTが会議の内容をわかりやすく要約してくれますので、内容をチェックして修正点があればChatGPTに伝えるか、自分で直します。

こうすれば、**ChatGPTを使って議事録作成の手間をかなり省くことができます。**ただし、文字起こしアプリの精度が低いと、ChatGPTに文章を流し込む前に誤字・脱字の修正というプロセスが必要になります。

さらに、この議事録作成のプロセスは**ノーコードを使うことで誰でも簡単に自動化することもできます。**

ノーコードとは、プログラミングの知識やスキルがなくても機能が充実したWebアプリケーションを開発することができるサービスの総称です。「Make」などのノーコードツールを使えば、議事録の会議音声の文字起こし→ChatGPTに流し込んで要約→その内容をワード文書等で保存といったプロセスがプログラミング言語を知らない人でも、無料で自動化できてしまうということです。

お答えしましょう!

かなり自動化できます。さらに、自動化するしくみを作ることができれば、議事録作成のプロセスを任せることもできます。

■ ChatGPTに議事録を作成してもらおう

会議の音声を録音する

録音した音声の文字起こし、誤字・脱字の修正

文字起こしの内容をChatGPTで要約

ノーコードを使えばこのプロセスを自動化できる

KEYWORD

Make …… SaaS(Software as a Service) と呼ばれるクラウド上にあるソフトウェアを組み合わせインターネット経由で自動化することができるサービス。

働き方が激変する?
7

英語の翻訳や校正に活用する方法は？

お答えしましょう!

ChatGPTは、日本語から別の言語への翻訳や英文の校正に役立ってくれます。

■ ChatGPTは翻訳と英文校正ができる

翻訳

翻訳元と翻訳先の言語、何のために翻訳するのかなどをきちんと指定しましょう

英文校正

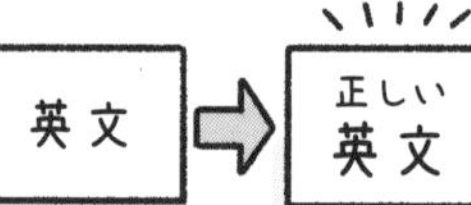

あなたが書いた英文の間違いを直したり、より良い英文に改善してくれたりします

ChatGPTは翻訳と英文の校正は得意中の得意

ChatGPTは英語の文章作成にも使うことができます。ChatGPTにお願いできる作業は大きく分けて2つ。「**翻訳**」と「**校正**」です。

翻訳はChatGPTのチャットボックスに日本語の文章を入力して別の言語に翻訳するように頼めばやってくれます。DeepL（ディープエル）などのオンライン翻訳サービスとは違い、「学術論文のような文体」などの細かい指示を出すことも可能です。

POINT

将来的に論文の大部分をAIが書く時代が来る!?

■プロンプトを使うとより正確な指示ができる

プロンプトを使って英語の校正を頼める

英文の校正については、プロンプトと呼ばれるAIに出す指示文をチャットボックスに書いて「どんな風に英文を直して欲しいか」を伝えてから自分の英文を読んでもらうことができます。プロンプトは、有志が作ってくれているものが公開されているので調べてみるといいでしょう。

プロンプトがわからなくても、自分で「私のこの英文を校正してください」などと伝えると実行してくれます。

このように英文作成、英文校正の現場でChatGPTがますます使われるようになれば、近い将来、**論文作成の多くのプロセスがAIによってなされるようになるかもしれません。**

しかし、大規模言語モデルの使用に対して否定的な大学や出版社も多いので、今後の動向に注意が必要です。

KEYWORD
プロンプト……コンピュータに文字で出す「指示」のこと。ChatGPTにもチャットボックスに打ち込むことでプロンプトを出すことができる。

プログラミング補助ツールとしても利用できますか？

POINT
プログラムを丸々書くことは不可能だが、補助的に使うならアリ

一部の作業には十分使えるレベル

ＣｈａｔＧＰＴが生成できるのは、私たちが日常的に使っている言語だけではありません。実は、**プログラミングのコードも書けてしまいます**。とはいえ、現状のＣｈａｔＧＰＴは、人間のプログラマーと互角の能力はありません。

現時点では、「こういうプログラムのコードを書いて」と注文するだけで、コードの全体が書けるわけではなく、プログラムを構成する一部分を書くことができるという状態です。そのため、ＣｈａｔＧＰＴにプログラミングの仕事を全部お任せすることは、まだできません。

しかし、部分的には書けるので、プログラマーが自分の仕事を効率化するためにＣｈａｔＧＰＴを使うということは十分可能だと思います。

プログラミングの分野でＣｈａｔＧＰＴにできることは、他にもあります。**動作確認のためのテストコードを書くことができるのです**。テストコードは大量に必要になることがあるため、この用途ならば、むしろＣｈａｔＧＰＴを使う方が仕事を効率化できるかもしれません。

また、ＣｈａｔＧＰＴは、すでに存在しているコードの誤りや改善できる点を探すこともできます。あなたが書いたプログラムを点検してくれるのです。

このように、ＣｈａｔＧＰＴは、プログラムのコードを全部書くような仕事はできないものの、仕事を補佐することはできるので、上手く使えば**仕事の効率化につなげることができる**でしょう。

お答えしましょう!

ChatGPTはプログラマーの仕事を補助するツールとして十分使えるレベルにあると思います。

■ ChatGPTはプログラミングの補助ツールになれる?

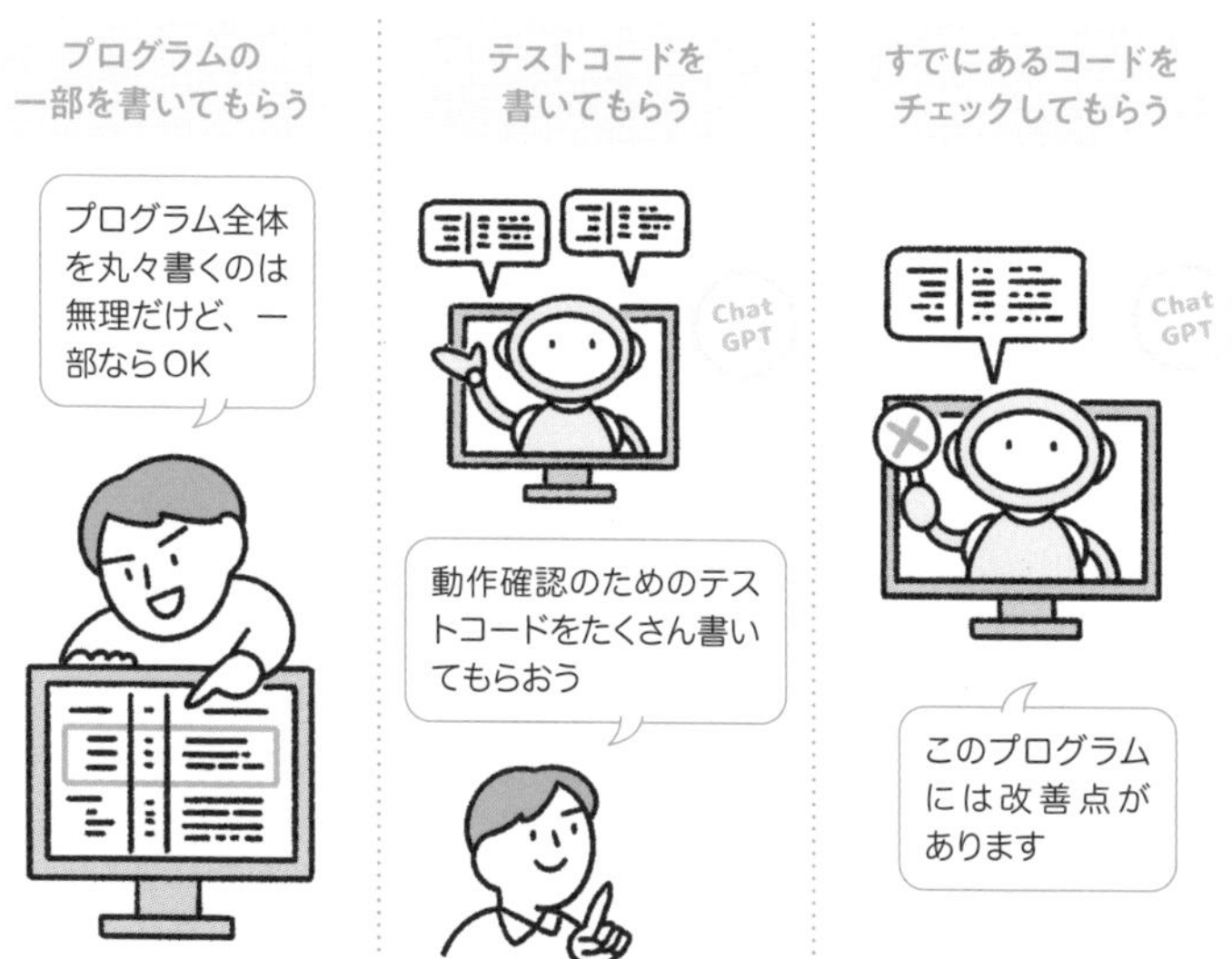

OpenAIは、ChatGPTの他に「GitHub Copilot（ギットハブ コパイロット）」というGitHubとの共同開発でプログラミングに特化したAIサービスもリリースしています。ところが、プログラムには著作権があり、このサービスが他人の権利を侵害しているのではないかと、集団訴訟の対象になっています

KEYWORD

テストコード……プログラムの簡易的な動作確認を行うコード。実行結果が適切かどうかを確認するために作られる。

働き方が激変する？

9

実際に、消える仕事はありますか？

POINT

単純作業はChatGPTによって代替し、効率化される

ChatGPTの普及で最初に起こるのは効率化

ChatGPTについての話をする時に、必ず話題に上るのが「**ChatGPT（AI）は人間の仕事を奪うのか？**」という問題です。結論から言えば、一部の仕事がAIによって効率化される可能性はありますが、**今すぐ何らかの職業が消えるケースは少ないと思います。**

生成系AIが普及していくにつれて、最初に起こる変化は「人間の仕事の一部がAIによって代替されて、**作業が効率化される**」ということです。

定型文を作るような作業、定型的なメールを書く作業などは、ChatGPTに任せることで効率化できるでしょう。それ以外には、情報を集めたいわゆる「まとめサイト」などの量産型Webコンテンツは、ChatGPTによって書かれることが増えていくでしょう。

それに加えて、プログラミングでもかなり単純なコードを書くだけの仕事などは、ChatGPTに取って代わられる可能性はあります。また、事務作業をChatGPTに任せられるようになると、仕事自体はなくならなくても、仕事の仕方が大きく変わる可能性もあります。

それでは、人間にしか書けないようなオリジナリティのある文章や絵などのクリエイティブな創作物を作っている人ならChatGPTの影響を受けないかというと、そうでもありません。AIが生成する文章や画像については、2030年頃にはプロフェッショナルのクオリティを超えることが予見されているからです。

お答えしましょう!

今すぐに消える仕事はありませんが、将来的にはAIが作る創作物はプロのクオリティを超えると考えられています。

■ ChatGPTによって私たちの仕事はどうなる?

単純作業はChatGPTによって効率化される

議事録の作成

ニュース・天気予報・プレスリリース記事の作成

まとめサイトなど量産型Webコンテンツの作成

これらの仕事はChatGPTによって効率化され、仕事自体がなくなる可能性もあります

2030年頃にはプロの作品を超える?

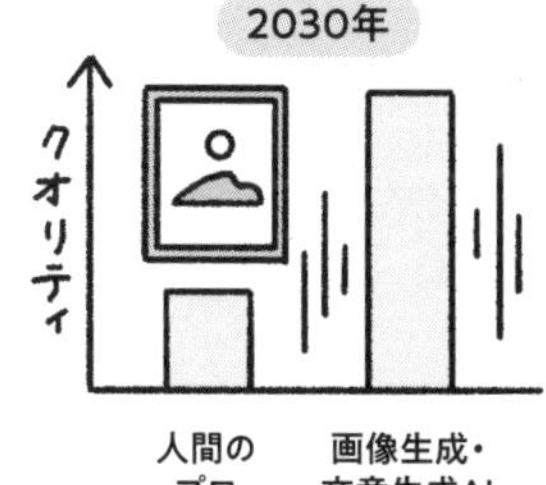

クリエイティブな仕事でもAIが人間のプロの実力を超える!?

今すぐにChatGPTによってなくなる仕事は少ないですが、ChatGPTによって効率化される仕事は多いでしょう。また、人間ならではのオリジナリティが求められる仕事でもいずれはAIの実力が人間のプロの実力を超えてしまうと言われているので、「人間がAIとどう共存していくか」が今後重要なテーマになっていきます

KEYWORD

画像生成AI……文章やデータを入力することで、AIが自動的に画像を生成する技術のこと。Midjourney(ミッドジャーニー)やStable Diffusion(ステイブル ディフュージョン)が有名。

逆に新たに生まれる職種とは？

お答えしましょう！

プロンプトエンジニアが注目を集めていますが、永続する職種かどうかは疑問です。

■ プロンプトエンジニアとは？

プロンプトなしの回答

プロンプトありの回答

AIへの指示を作るプロンプトエンジニア

ChatGPTの普及によって新たなに注目を浴びている職種もあります。**プロンプトエンジニア**です。

プロンプトとは、AIに対して出す「指示」のこと。ChatGPTは生身の人間と会話するように質問すれば、ちゃんと答えを返してくれるのですが、より精度の高い答えを引き出したい場合にはプロンプトを使って適切な指示を与えて質問する方が、望ましい結果が得られや

POINT

AIに適切な指示を出すと精度の高い回答が返ってくる

■プロンプトエンジニアは未来でも必要とされる職業？

プロンプトエンジニア

AIの技術は日々進歩しているので、現在のプロンプトエンジニアリングが、未来のAIにも必要とされるかは未知数です

すいため、プロンプトエンジニアの需要が高まってきているのです。

未来のAIもプロンプトを必要とするかは疑問

プロンプトは自然言語（私たちが普段使っている言語）で書かれていますので、プログラミング言語などを知らなくても書くことができます。

とはいえ、プロンプトとその結果を正しく評価したり、応用的に他のアプリと連携させたりするためには、機械学習全般の知識が必須になります。ですから、**気軽に目指せる職業かというと、やや疑問符がつきます。**

また、生成AIの技術は日進月歩で発展していますので、現在通用しているプロンプトエンジニアの知識や技術が、将来のプロンプトエンジニアリングでも通用するかというと、それも疑問です。未来の生成AIは、カジュアルな質問でも十分精度の高い答えを提供してくれるかもしれないからです。

KEYWORD

プロンプトエンジニア

……より精度の高い回答を得るため、AIに具体的かつ適切な指示（プロンプト）を自然言語で作成するエンジニア。

働き方が激変する？

11

対話型AIサービスを自社開発したいのですが…

POINT

ChatGPTとほとんど変わらないサービスでは意味がない

元のモデルからどれだけ差別化できるかがカギ

ChatGPTへの注目がどんどん高まっていく中、既存の大規模言語モデルをベースとした自社製の文章生成AIを開発しようと考える企業も増えてきています。ここでは、企業が文章生成AIを自社開発する際に留意しておいたほうがよいポイントについて解説します。

企業が、既存の大規模言語モデル、例えばChatGPTやその元になっているGPT-3.5などを使って新たなAIサービスを自社開発する場合に、気をつけなければならないのは「**オリジナリティ**」と「**付加価値**」です。ChatGPTとほぼ同じものを提供しても意味がなく、その企業にしか提供できない価値が付与されたサービスでなければいけません。

例えば、ChatGPTからより精度の高い回答を引き出すための「プロンプト」を前もって豊富に用意しておいたり、元の大規模言語モデルにファインチューニングを施したりすることによって、ある目的に特化したサービスにするなどの工夫が必要になります。

ChatGPTを使うよりも使いやすい、あるいは精度の高い回答が得られるといった明確なメリットをアピールできなければ、**AIサービスの世界で生き残るのは難しい**でしょう。

また、そういった部分的な機能面での優位性のみならず、そのAIサービスを使うことによって、**ユーザーがどのような恩恵**（**時間効率化、コスト削減等**）**を享受できるのか**という部分にも留意するべきでしょう。

お答えしましょう!

AIサービスを自社開発する上でのポイントは、自社ならではの価値を提供できるかどうかです。

■ 文章生成AIサービスを自社開発する上でのポイントは?

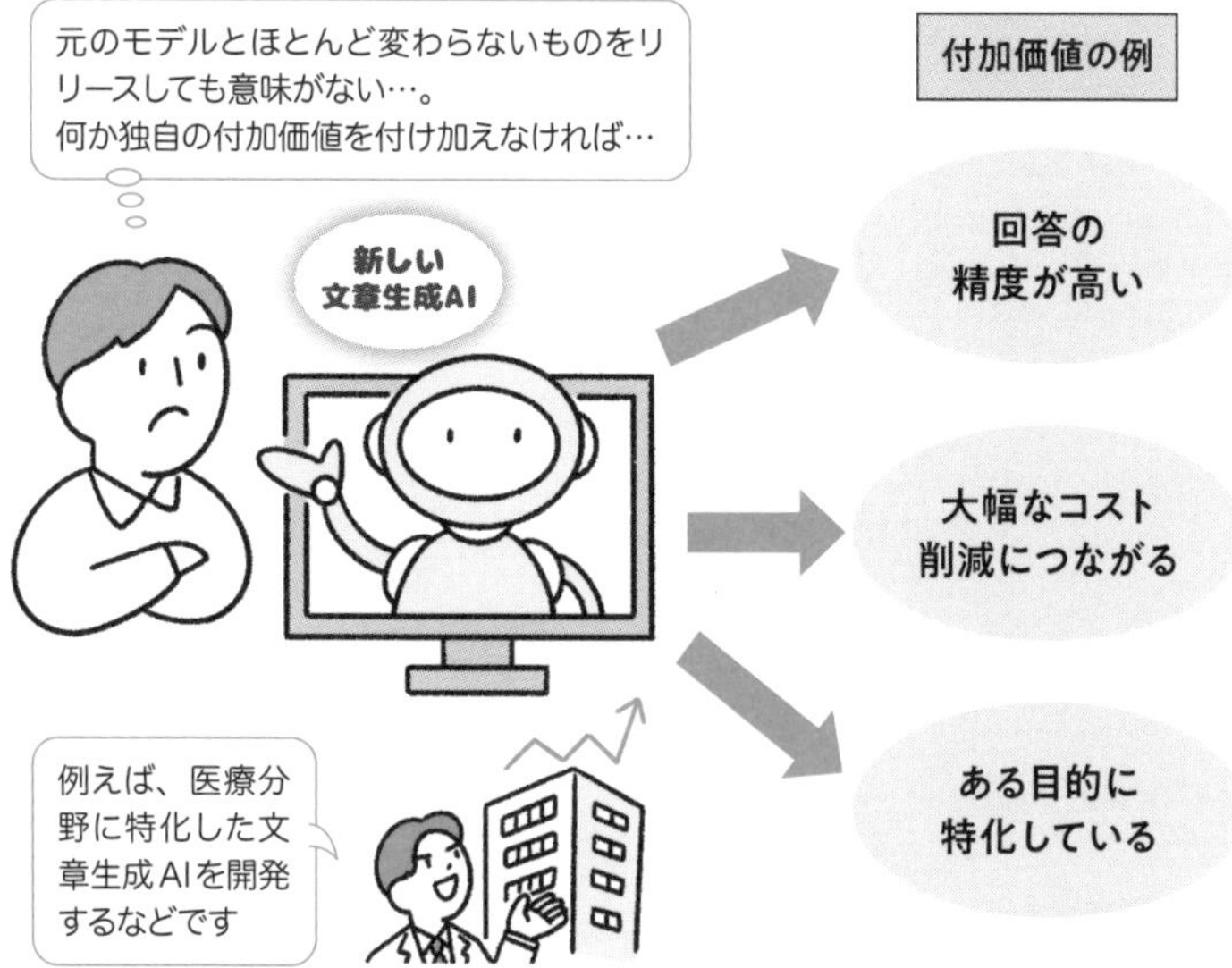

AIサービスを自社開発する場合、目指すべきは「ChatGPTよりも使いやすく、ChatGPTよりもメリットがある」サービスです。そのために自社にしか提供できない付加価値とは何かを考えましょう

KEYWORD

付加価値 …… 製品・サービスなどの価値のうち、ある企業が独自に付け加えた価値。今後のAIサービスではどんな付加価値があるのかが重要なポイントとなる。

対人の仕事にも意外な効果がある？

POINT
要求を正しく伝える能力は対AIでも対人でも変わらない

要求を正しく伝え切る練習になる！

ＣｈａｔＧＰＴを実際に使ってみた人の中には、自分の期待している回答が得られずに「こんなもの使えない」と見切りをつけてしまっている人もいます。しかし、そういった人のほとんどが、ＣｈａｔＧＰＴと正しくコミュニケーションが取れていないだけだったりします。

ＣｈａｔＧＰＴとの会話に求められる能力とは何かというと、こちらの言いたいことをきっちり**「伝え切る」能力**です。

例えば、企業でアプリやウェブサイトを作る時などには「要件定義」をします。こういうアプリにしてくださいという要件をはっきりさせて、それを開発者に伝えるわけです。

この要件定義がきちんとできていないと、開発者からすれば何を作ったらいいかわからないので困ってしまうということが起きます。

ＣｈａｔＧＰＴとの会話に求められるのも、まさにこの要件定義に求められる「明快さ」と同じで、相手がこちらの言いたいことが伝わるまで「伝え切る」ことが必要になるのです。

ですから、ＣｈａｔＧＰＴとの会話を通して、こちらの言いたいことをできるだけ明快に、詳細に、具体的に伝えることに慣れていくと、リアルのコミュニケーションであいまいなことばかり言って周囲を混乱させている人のコミュニケーション能力が自然と矯正されていく可能性があります。つまり、**ＣｈａｔＧＰＴは、人間の対人コミュニケーション能力を高める可能性があるの**です。

お答えしましょう!

ChatGPTとの会話を通して、対人コミュニケーションの能力も、より円滑なものへと進化していく可能性があります。

■ ChatGPTがもたらす対人コミュニケーションへの影響

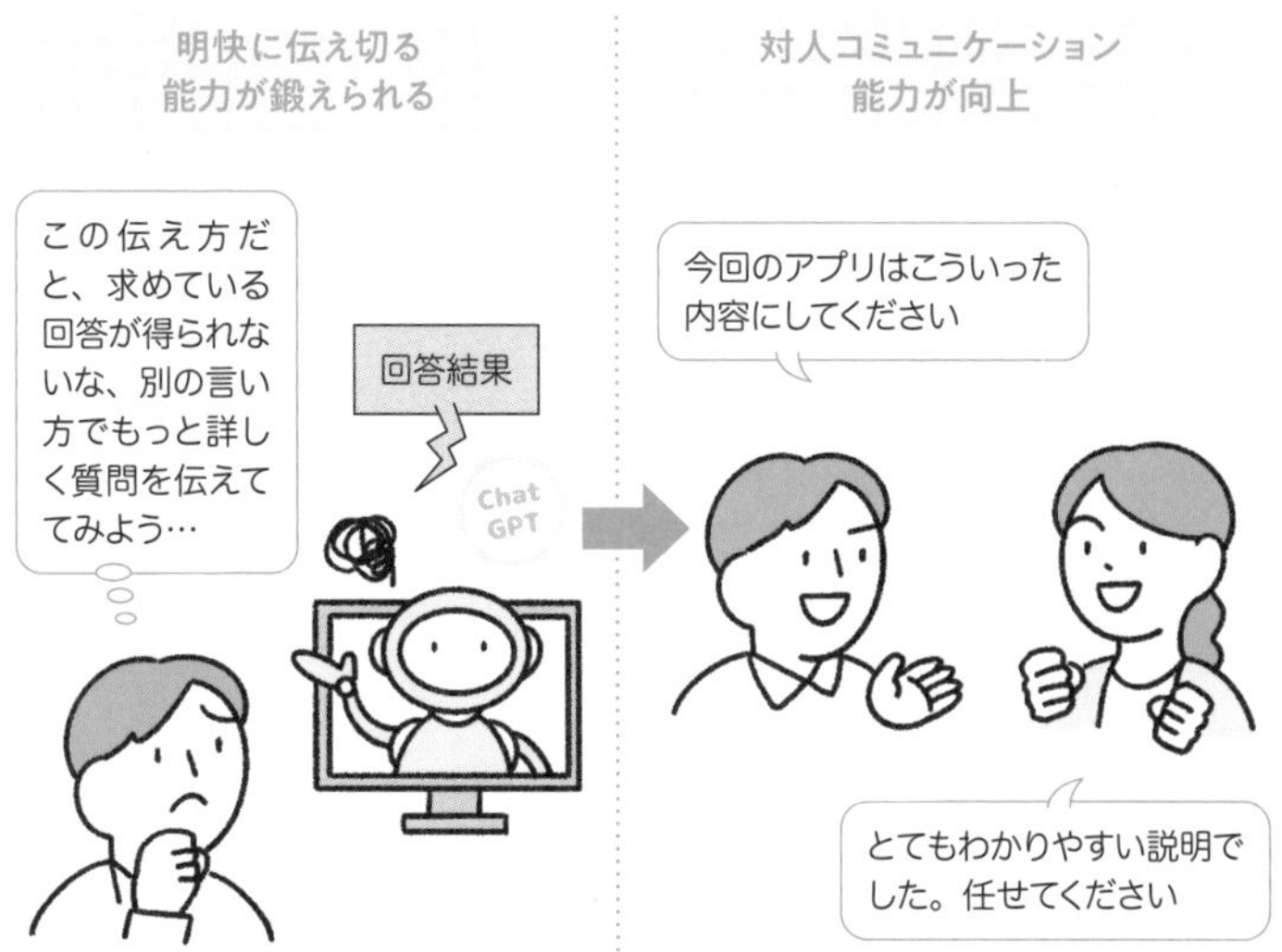

対人では許容されているあいまいな話し方では、ChatGPTにこちらの意図していることを伝えることはできません。そのため、ChatGPTによりよく伝える会話を練習していけば、非常に明快な話し方を習得することができる可能性があるのです

KEYWORD

要件定義……システム開発などの現場で、求められている条件の内容や意味を明らかにすること。

ChatGPT for Excel（チャットジーピーティー フォー エクセル）……86ページ
ＣｈａｔＧＰＴをエクセルで使用できるためのプログラムシステム。ＣｈａｔＧＰＴにコマンドを送ることで、短時間で複雑な操作をすることなく業務目的を果たすことが可能となり、事業の効率化を大幅に行うことができる。

Google Chrome（グーグルクローム）……88ページ
グーグルが提供している無料Ｗｅｂブラウザ、つまりは、インターネットを通してＷｅｂサイトを閲覧するためのソフト。現在、ブラウザの世界シェアで第一位を誇っている。拡張機能が豊富で、ユーザーに合わせて簡単にアレンジできるという特徴がある。

TalkBerry-Talk To ChatGPT（トークベリー トーク トゥ チャットジーピーティー）……88ページ
ＣｈａｔＧＰＴとの音声対話を容易にするためのGoogle Chromeの拡張機能。ＣｈａｔＧＰＴに音声で質問すると適切な答えが返ってくる仕組みになっている。現在は13の言語に対応しており、速度や音声の調整も可能になっている。

AIPRM for ChatGPT（エーアイピーアールエム フォー チャットジーピーティー）……88ページ
ＣｈａｔＧＰＴをより簡単に、有益に活用するためのGoogle Chromeのブラウザ拡張機能。ＣｈａｔＧＰＴに対してさまざまなプロンプトを送り、テキストを作り出すツール。ユーザーはプロンプトを作ったり、共有したり、評価することが可能である。

ChatGPT for Google（チャットジーピーティー フォー グーグル）……88ページ
グーグルで検索を行った際に、検索ワードに対するＣｈａｔＧＰＴの回答も同時に表示できるシステム。検索結果が示されたページを閲覧せずとも、ＣｈａｔＧＰＴが示す結果だけで、知りたい情報を素早く、簡単に得られるという利点がある。

ChatGPT Writer（チャットジーピーティー ライター）……88ページ
Google Chromeの拡張機能の一つ。ユーザーが望む文章を作ることをＣｈａｔＧＰＴにコマンドすると、ＣｈａｔＧＰＴが自動的にそれを作成する。数分間で指定された文章が出来上がるため、ビジネスにおいて文章作成業務にかかる時間が短縮可能となる。

DeepL（ディープエル）……94ページ
言語に関する人工知能システムを開発しているドイツのケルンに本部を置いている会社。近年、自動翻訳サービスを提供して、急成長している。DeepL翻訳は驚くほど自然な翻訳であると世界中の多くのユーザーから高い評価を受けている。

GitHub（ギットハブ）……97ページ
ソフトウェア開発におけるプラットフォーム、つまりは、基礎部分で、処理プログラムファイルを管理するツール。ＧｉｔＨｕｂはアメリカのカリフォルニア州サンフランシスコに本部のあるＧｉｔＨｕｂ社によって保守、管理、運営されている。

まとめサイト……98ページ
ある特定のテーマや問題に関して、情報収集し、それを編集したウェブサイト。人力によって収集された情報の提示だけでなく、テーマに沿って自動的に収集・編集されるサイトも存在している。キュレーションサイトとも呼ばれる。

第5章

ChatGPTをもっと活用するためには?

ほかのアプリケーションと組み合わせてクリエイティブな作業をさせることができるなど、ChatGPTの活用方法はまだまだあります。ここからは意外な活用方法から知っておきたい落とし穴までを紹介していきます。

使い方と活用事例 1

他のAIと連携することができるんですか？

POINT
AIサービス同士の連携でさらにAIが身近な存在に

他のAIに出すプロンプトを作成してもらう

これまでChatGPTのビジネスシーンにおける活用の仕方を見てきましたが、ここからは意外な活用法をいくつか紹介します。まず紹介するのは「**ChatGPTと他のAIを連携して使う方法**」です。

生成AIサービスは文章、画像、音楽、プログラミング等の分野で今後ますます増えていきますので、あるAIと別のAIを連携させて使うことが当たり前のように行われるようになっていくはずです。

現時点でおすすめの連携方法としては、**他のAIサービスで使うプロンプトをChatGPTに書いてもらう**というもの。画像生成AIを使ったことがある人ならわかると思いますが、自分の思い通りの絵を生成してもらうためには、適切な指示ができなければいけません。

どれだけ伝えても、こちらの意図するイメージが生成されずに困ったことがある人も多いでしょう。

そんな時に、ChatGPTにこんな風に質問してみるのです。「Midjourney（ミッドジャーニー）という画像生成アプリで、夕暮れのドイツの田園風景を描いてもらうためのプロンプトを英語で教えてください」。そうすると、ChatGPTがある程度の長さのプロンプトを作ってくれるので、それを画像生成AIに投げ込むとプロンプトに合った画像が生成されるというわけです。

また、ChatGPTにプロンプトを依頼する段階で、**自身のイメージをもっと詳しく伝えてもいいでしょう。**

お答えしましょう！

できます！　今後ますますChatGPTと他のAIサービスの連携が進んでいくと思われます。

■ ChatGPTと他のAIサービスを連携させる

画像生成AIで生成

Anime-style Illustration Request: Young Girl with Chestnut-Brown Shoulder-Length Hair in an Idol Outfit…

プロンプト生成

画像生成AIで髪が肩ぐらいの長さの若い女の子のアニメ風の絵を描いてもらいたいんだけど、英語でプロンプトを作って

わかりました。これでどうでしょうか？

プロンプト作成依頼

ChatGPT

現時点では、他のAIサービスで使うためのプロンプトを生成するためにChatGPTを使うという連携方法が一般的ですが、今後ますます複数のAIサービスの連携が盛んになっていくと思われます

KEYWORD

Midjourney（ミッドジャーニー）……アメリカの同名の研究所によって開発された、テキストから画像を生成するAI。

使い方と活用事例 2

学習のサポートツールとして利用したいのですが…

お答えしましょう!

ChatGPTは英語ベースで作られているので、英語学習には絶大な効果を発揮するでしょう。

■ ChatGPTなら学習のパーソナライズも可能

ChatGPTのようなAIなら、学習内容を使用者のレベルに応じてパーソナライズすることが可能です。同じ内容を日本の小学校低学年でもわかりやすいような内容、アメリカの大学生が理解しやすいような内容と、全く異なるレベルに変えて説明することができます。ChatGPTの登場によって、学習の質は確実に変わっていくと思われます

英語ベースのAIに英語のことを聞こう

ChatGPTを学習のサポートツールとして使うことも可能です。特に、**英語学習にはとても向いている**でしょう。わざわざ英語の先生に頼らずとも、自分の英作文をChatGPTにレビューしてもらうという使い方ができます。

将来的にはChatGPTとは音声で会話ができるようになるはずなので、**英会話の練習までChatGPTとできてしまうようになる**でしょう。

POINT

ChatGPTの登場によって私たちの学習が劇的に変わる?

■ ChatGPTが音声で会話できるようになれば…

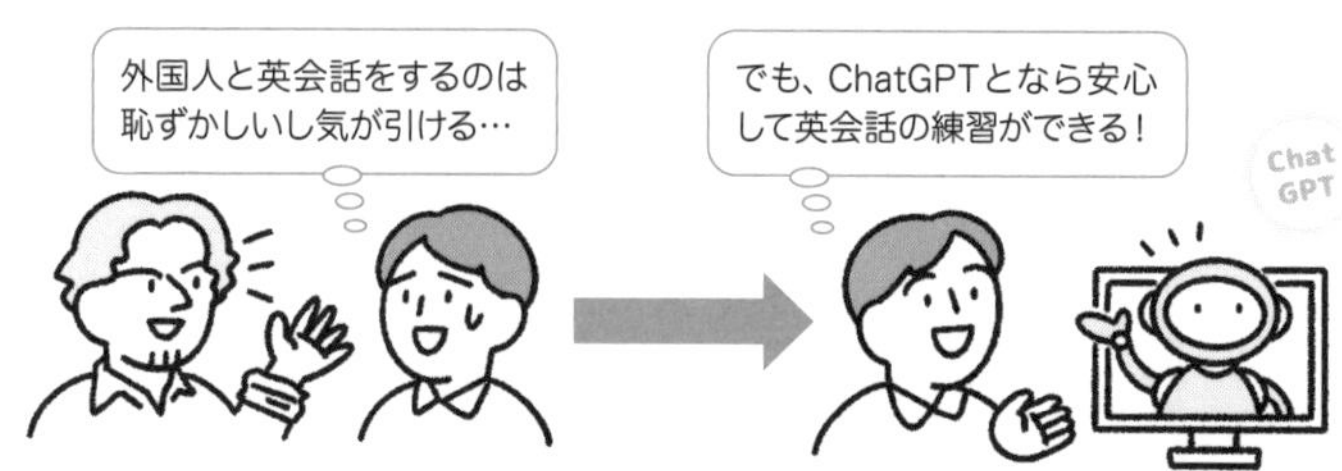

ChatGPTが音声で話せるようになれば、英会話の練習相手として急速に普及する可能性があります（2023年5月時点でもブラウザの拡張機能などを使うことでChatGPTと擬似的に音声で会話することが可能です）

現在でもオンライン英会話レッスンが盛んですが、実際に生身の人間と英語で話すのは気が引けてしまう人も多いでしょう。そういう人も、ChatGPT相手であれば気軽に英会話の練習ができるようになるので、英会話能力が飛躍的に向上する可能性があるのではないでしょうか。

発音の改善に効果を発揮する理由

人間のレッスン相手とChatGPTとの大きな違いは、「英語の発音をレビューしてくれる」ということです。ネイティブスピーカーの中には通じればそれでよいというスタンスの人も多く、その場合は発音をあまり訂正してくれないといったことも起こります。

しかし、ChatGPTなら、英語の発音を徹底的にレビューして改善しようとしてくれるでしょう。

KEYWORD

サポートツール……ある目的を達成するための補助的な道具。ChatGPTは学習以外にもさまざまな分野で人間の仕事をサポートできる可能性を秘めている。

使い方と活用事例 3

試験問題作成ツールとして利用できますか？

POINT

ChatGPTに条件を伝えればそれに沿った問題を出題してくれる

問題の作成だけでなく答え合わせもしてくれる

ChatGPTの学習分野での使い方はまだあります。**ChatGPTに問題を作成してもらってそれに答える**という使い方が可能なのです。

例えば、「日本の中学3年生向けの日本史の問題を5問出してください。選択肢で答える形式で出題してください。分野は安土桃山時代でお願いします」とChatGPTに頼むと、その要求に沿った問題を出題してくれます。しかも、こちらがその問題に答えると正解か不正解かを教えてくれ、答えの解説もしてくれるのです。

ただし、これまでにも説明してきたようにChatGPTの元になっている大規模言語モデルは2021年9月までにWeb上に存在した情報を学習しており、基本的に「確率的に正しい」文章を生成しているだけなので、問題に誤りが含まれている場合もあります。

そのため、ChatGPTに作成してもらった問題をそのまま出題するのはおすすめできません。出題する前に、まずは**ChatGPTの問題が正しいかどうかをチェックしましょう。**ただし、英語の問題に関しては、誤りが含まれている確率は低くなります。

ChatGPTに英単語の問題を出してもらうときのコツとしては、「日本の高校2年生レベルの」と難易度を指定すること（国名を指定しないとアメリカの高校2年生レベルの単語が出題されることがあります）、「選択肢で答える形式で出題するように」と依頼することなどです。

お答えしましょう!

試験問題の作成を助けてくれるツールとして使えますが、間違いがないかを人間が確認する必要があります。

■ ChatGPTで問題を作成してもらおう!

条件を伝えて問題作成を依頼

英単語の問題で難易度は日本の中学3年生レベル、選択肢で答える形式を10問作って

Web上の情報で問題作成を依頼

（例）Web上の情報を元に空欄穴埋め問題を作る

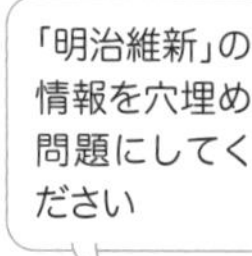

明治維新は、戊辰戦争の終結を受けて始まった日本の歴史的な変革期である…

ChatGPTは試験問題作成ツールとして使うことができます。条件を指定して問題を作ってもらう場合と、Web上の情報を元にしてそれを問題に変えてもらう場合がありますが、前者は誤った情報が含まれる可能性があるため、出題する前にチェックする必要があります。Web上の情報を元に問題を作ってもらう場合は、穴埋めだけでなく、「○○とは何ですか?」という言葉の定義を問う問題や、論述形式の問題なども出題させることができます

KEYWORD

難易度……ChatGPTは、英単語などの難易度を理解できるので難易度を指定して英単語の問題を出題させることが可能。

使い方と活用事例

4

SNSの炎上を防ぐことができるって本当ですか？

POINT

文章の持っている意味合いを多方向から診断してくれる

炎上するかもと思ったらまずChatGPTに相談

ChatGPTは「何でも相談できる相手」だと繰り返し述べてきましたが、まだいまいちピンと来ていない方も多いかもしれません。何でも相談できる例として、ぜひ知っておいていただきたい使い方に、**自分の発言がSNSで炎上してしまうかどうかをChatGPTに事前にチェックしてもらう**というものがあります。

例えば、2007年の柳澤伯夫厚生労働大臣（当時）の「女性は子を産む機械である」という発言が炎上するかどうかを聞いてみましょう。

「以下の発言は炎上しますか？」という言葉の下に、柳沢大臣の発言を引用して質問すると、「この発言は性別に関するステレオタイプを強調しており、女性を単なる子を産む機械として定義しています。このような発言は性別差別的であり、女性を軽視し、人間としての尊厳を侵害する可能性があります。そのため、この発言はコミュニティやオンラインプラットフォームで炎上する可能性が高いです。また、社会的にも非難を浴びる可能性があります（後略）」と、はっきりと炎上する可能性があるという回答が返ってきました。しかも、炎上する理由まできちんと明記されています。

このように、ChatGPTは、あなたの発言が他者からどう思われ、社会的にどう受け取られるかを事前に診断してくれるのです。まさに「**何でも相談できる相手**」と言えるのではないでしょうか。

お答えしましょう!

事前に自分の発言をChatGPTにレビューしてもらうことで、SNSで炎上する可能性を知ることができます。

■ ChatGPTはテキストの炎上可能性を判断できる

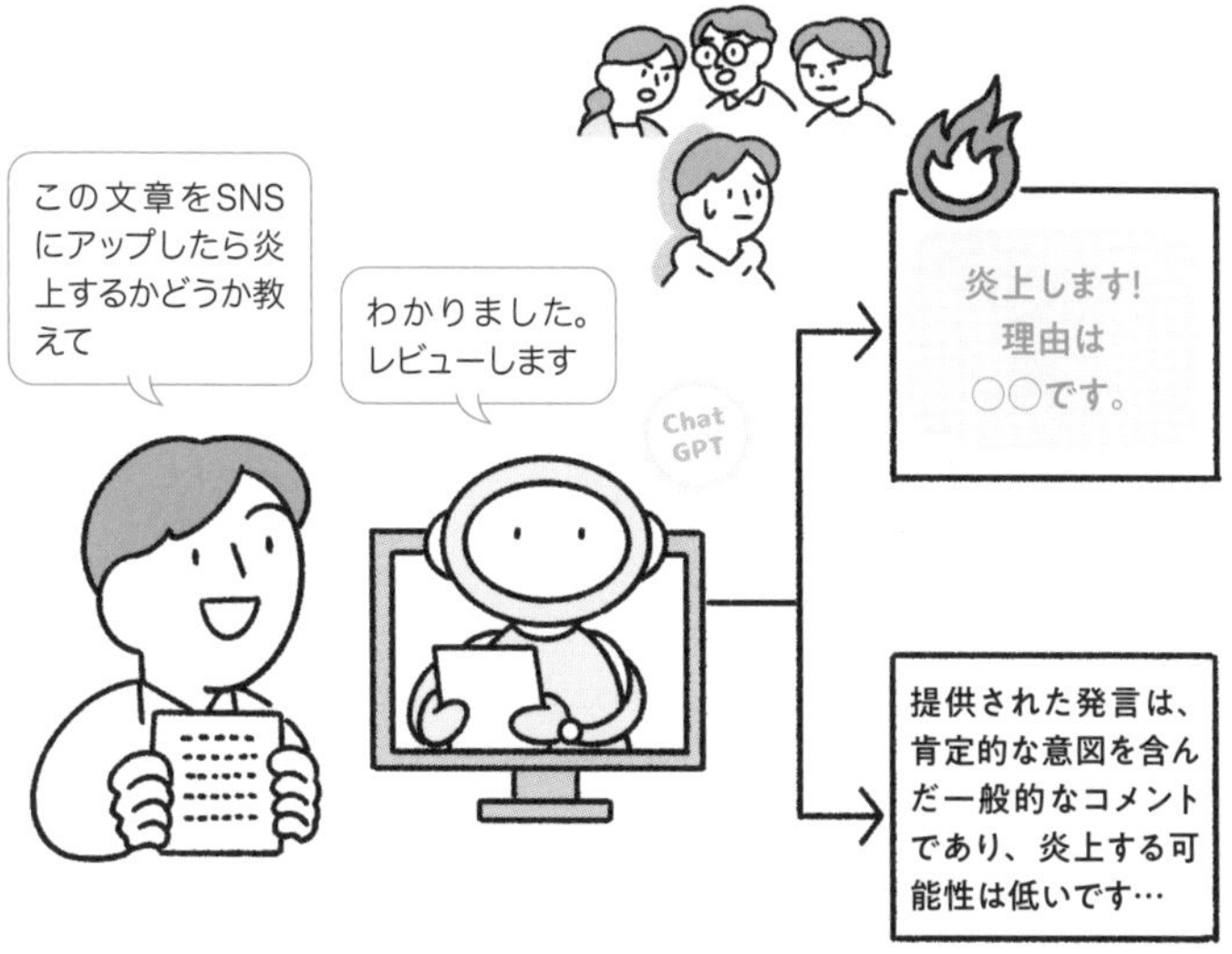

ChatGPTは、文章が持っている社会的な意味合いを判断することができます。そのため、私たちがSNSに書き込む内容が炎上するかどうかを的確にレビューすることが可能です。炎上するリスクを懸念している人は、ChatGPTに一度相談してから投稿する方がいいかもしれません

KEYWORD

炎上……特定の人物・企業の発言や行動に対して、インターネット上で批判が大量に集中すること。

使い方と活用事例
5

クリエイティブな作業（小説、作曲、イラスト）などもできるのですか？

お答えしましょう!

もちろん、できます。ただし、AIが作った作品の取り扱いについては賛否が分かれています。

■ AIはクリエイティブな作業もできる?

画像生成

作曲

小説執筆

生成AIは、イラスト、音楽、小説などさまざまなクリエイティブな作業にも使うことができます。現時点では、プロが作った創作物にはクオリティの面で敵わないレベルではあるものの、いずれはプロのクオリティを追い抜くのではないかと考えられています。今後は、人間とAIが共同して作品を作るということが一般的になっていくかもしれません

POINT
小説執筆AIはChatGPT登場以前から利用されていた

創作分野では人間とAIの共同作業が生まれる?

ChatGPTに代表される生成AIは、イラスト、作曲、小説執筆などの**クリエイティブな作業を行うことも可能です。**画像生成AI、作曲AIサービスなど、目的ごとに特化したAIがすでに複数リリースされており、日々認知が広まりつつあります。

ChatGPTは文章生成AIですので、小説の創作ができると思うかもしれません。もちろんある程度の筋書きを作って

■ChatGPTよりも特化型AIに軍配が上がる

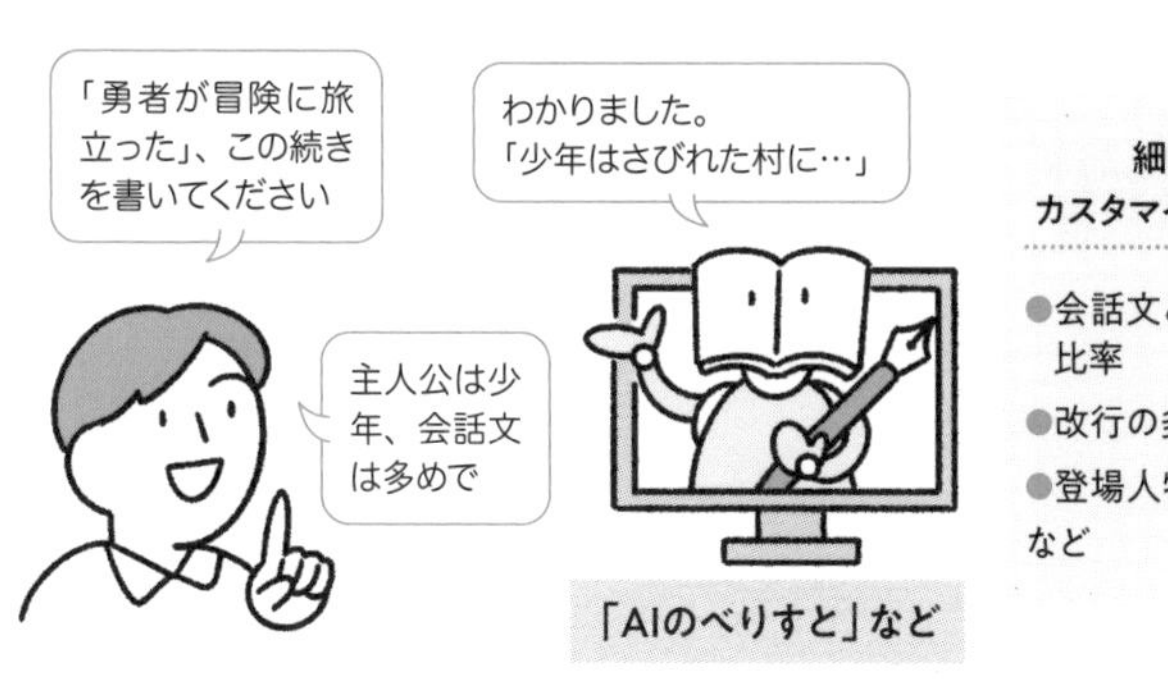

もらうことは可能ですが、**目的に特化したAIを使う方がいいでしょう。**

ChatGPT以前にも小説執筆AIはあった

日本語の小説を執筆するAIとしては「AIのべりすと」「AI BunCho（エーアイブンチョー）」などがあり、ChatGPTが登場する以前から注目を集めていました。AIのべりすとでは、小説の冒頭部分を入力すると続きの文章を少しずつ生成してくれ、「これでよし」と納得できるまで再生成してもらうことも可能です。

また、文章のクオリティも設定でカスタマイズすることが可能で、会話文と地の文の比率や、改行の多さ、登場人物の設定などを決めて、その通りに書いてもらうことができます。

ただし、完全にAIに執筆してもらった小説作品については賛否が分かれており、議論が起きています。

KEYWORD

AIのべりすと……ゲームクリエイターのSta（スタ）氏が開発した小説作成アプリ。最初に文章を入力することで文脈にあった文章をAIが生成してくれる。

ChatGPTは誰にでもなりきることができる?

ChatGPTは、与えられた役割を演じることができますので、ロールプレイングが可能です。

■ ChatGPTには役割を与えられる

POINT

いろいろな役割を与えてChatGPTとの会話から学ぶこともできる

役割を演じてもらいビジネスに役立てる

ChatGPTと「ロールプレイング」をすることもできます。ロールプレイングとは、参加者それぞれがある役割を演じながら話し合いをしたり、共同作業をしたりすることです。

例えば、「占い師のように話してください」と言えば、占い師が言いそうなことを話しますし、「哲学者として○○について論じてください」と頼めば、本当に哲学者が言いそうなことを話してくれます。

■ 採用面接の予行演習をChatGPTにお願いする

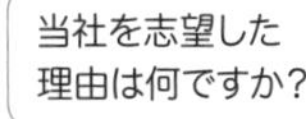
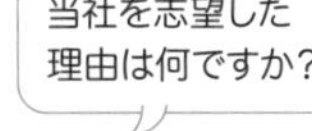

採用担当者以外にもいろいろな役割を与えてロールプレイングをしてみましょう。自分の長所や短所など、新たな気づきが見えてくるかもしれません

面接の予行演習をChatGPTに依頼

「なんだ、ビジネスにはたいして役に立たなそう」と思う人もいるかもしれませんが、そんなことはありません。

つまり、**ChatGPTにビジネス寄りの役割を与えてあげればいい**のです。採用試験を受けようとしている人なら、自分の年齢や立場、職歴をChatGPTに伝えた上で「あなたは株式会社○○の人事採用担当者です。今からあなたは私に面接するつもりで、私に質問してください」と頼んでみましょう。

するとChatGPTはあなたに面接本番さながらの質問をぶつけてきます。もちろん、もっと詳しく条件を設定しても構いません。その企業はどんな企業か、自分はどんな職種を希望しているのかなどの前提条件を付け加えると、さらに精度の高い質問を投げかけてくると思います。

KEYWORD

ロールプレイング……ロール（役割）とプレイ（演じる）を組み合わせた用語。ロープレとも。特定の場面を想定して参加者が役割を演じること。

ChatGPTが作ったテキストかどうかを調べるツールがある？

人間とAIの付き合い方が今後問われていく

AIの生成する文章のクオリティが飛躍的に向上したことで、教育界ではある問題が浮上しています。**ChatGPTにレポートや論文を書かせて、それを自分で書いたと偽る学生たちが現れ始めた**のです。

こうした事態を受けて、東京大学をはじめとする大学は、AIによって生成したレポートや論文を禁止する意向を続々と表明していますが、そもそもChatGPTに書いてもらった文章を「人間ではなくAIが書いた」と見抜くツールはあるのでしょうか？

ChatGPTを開発したOpenAIは、ChatGPTが生成したテキストを検知する「AI Text Classifier」というツールをリリースしています。ただし、ChatGPTのようなAIが生成したテキストであることを見抜く識別率は26%しかないそうです。さらに、人間が書いたテキストをAIが書いたと判定してしまう確率も9%あるそうです。

また、この他にもAIが生成した文章かどうかを識別するためのツールが開発されています。

例えば、アメリカのプリンストン大学のエドワード・ティアン氏が開発した**GPTZero**や、文章生成AIを提供しているイタリアの企業Neural Textが提供する**GPT Radar**などが挙げられますが、いずれのツールも、まだ発展途上であるのが現状です。今後、**ますますAIが進化していく中で、私たち人間の倫理観が問われているといえるでしょう。**

POINT

AIが生成したコンテンツを検出するツールが次々と提供され始めた

お答えしましょう!

まだまだ発展途上ではあるものの、AIが生成したコンテンツを検出できるツールは次々と開発されています。

■ AIが書いた文章を識別することは可能?

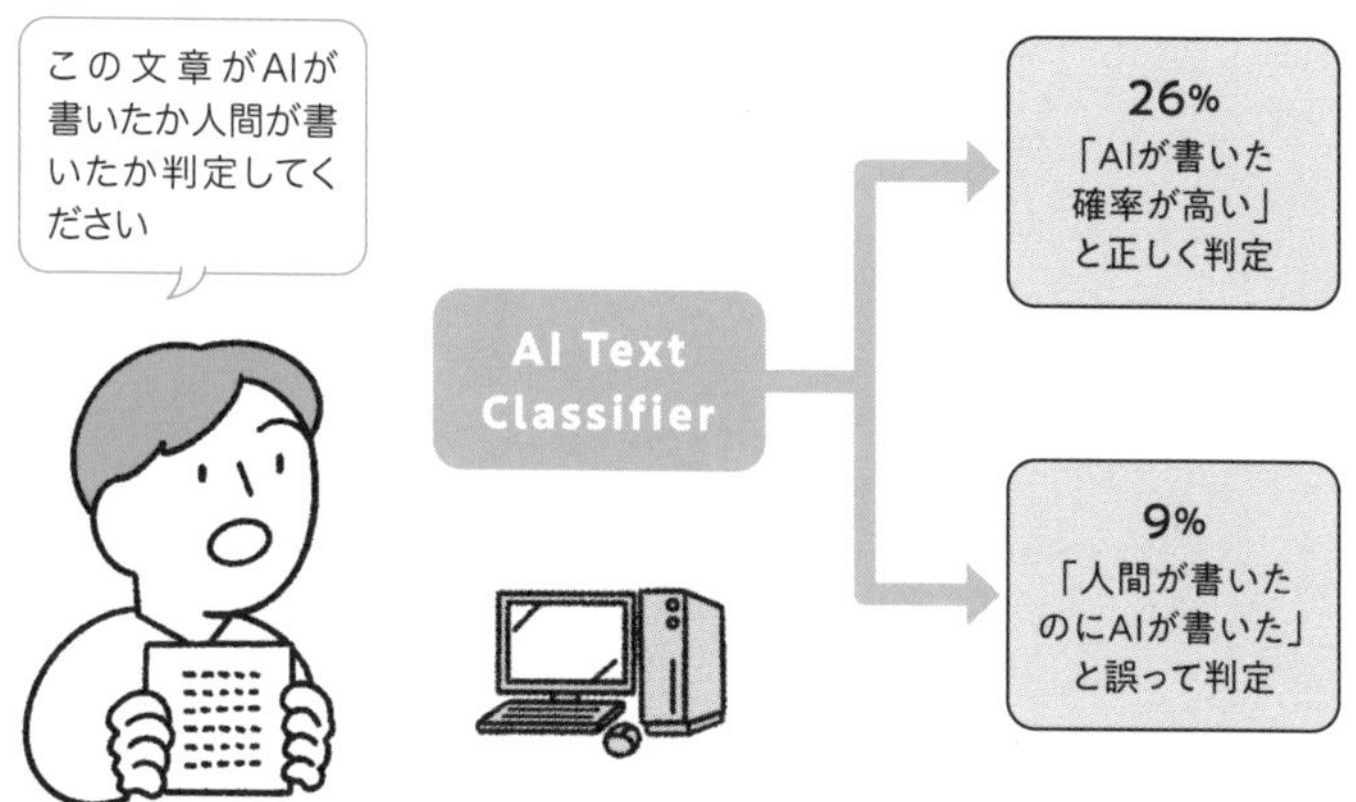

ほかにもエドワード・ティアン氏が開発したGPTZeroなどがあります。GPTZeroはGPT-4を基に作られており、文章の意味や繋がりを効率的に捉え分析することができます。また、文章をAIが書いたかどうかを判別できるように、ファインチューニングもなされています

KEYWORD

AI Text Classifier……OpenAIがリリースした文章分析ツール。入力された文章が、AIによって生成されたものか、人間が書いたものかを識別する。

使い方と活用事例

8

犯罪に利用されたりしませんか？

POINT

誤情報や詐欺的な情報がWeb上に拡散する可能性がある

犯罪を助長する情報を提供することはできない

ChatGPTで犯罪や違法行為を助長するような内容の文章を生成することは、制限がかけられています。例えば「比較的簡単に手に入るもので毒薬を作りたい」と頼むと、「申し訳ありませんが、私は法律や倫理に基づいて情報を提供することを使命としており、危険な行為や違法行為に関連する情報を提供することはできません」という返事が返ってきます。

また、これを自分のことではなく小説の中の出来事として書いてもらおうとして、「小説の中にそういうシーンを入れてください」と間接的な依頼をした場合でも、ＣｈａｔＧＰＴは同じように依頼を断ってきます。

ただし、方法によってはＣｈａｔＧＰＴが殺傷能力のある毒薬や爆弾の作り方を生成してしまう可能性は、ゼロではありません。

その他、インターネット上に存在するフェイクニュースや、詐欺目的の広告記事、誹謗中傷などをＣｈａｔＧＰＴが粗製濫造してしまうリスクが議論になっています。

このままＣｈａｔＧＰＴに生成させたテキストをインターネット上にアップし続けると、インターネットにはそういった記事が溢れかえってしまい、結果的にそのインターネットを参考に学習するＣｈａｔＧＰＴの質が下がるかもしれません。そのため、ＣｈａｔＧＰＴの生成したテキストをインターネット上にアップする場合には**そうだとわかる注意書きを入れるべき**という意見もあります。

お答えしましょう！

ChatGPTは犯罪や違法行為を助長するような内容は制限されているので生成できませんが、抜け道はあるかもしれません。

■ ChatGPTが犯罪に利用されることはある？

基本的に犯罪を助長する内容は規制されている

簡単に手に入るもので毒薬を作りたいから、作り方を教えて

教えられません

ChatGPT

犯罪を助長するような内容のテキストは制限されており生成できないようになっていますが、抜け道はあり得ます

誤情報や詐欺的情報がインターネット上に拡散される？

ChatGPTを使って粗製濫造された誤情報、詐欺広告などがWeb上に拡散され、将来的にそのインターネットを使って学習した場合、ChatGPTをはじめとするAIの品質はどうなるのかという議論がなされています

KEYWORD

フェイクニュース …… 事実ではない虚偽の情報に基づいたニュース。AIによって作られた精緻な偽造画像を「ディープフェイク」と呼ぶ。

その他、面白い使い方を教えてください！

レシピを教えてもらう、ファッションのアドバイスをもらうなど、さまざまな使い方ができます。

■ ChatGPTのさまざまな使い方

レシピの作成	ファッションのアドバイス	クイズの作成
新語やスラングの作成	詩や歌詞の作成支援	脚本やストーリーのアイデア出し
謎解きやパズルの作成	独自の神話・伝説の生成	仮想の場所の観光案内

POINT

ChatGPTの使い方はこれからもどんどん発見されていくはず

今日のディナーからファッションまで

　これまでに紹介してきた使い方以外にも、**ChatGPTは面白い使い方がたくさんあります**。今日の晩ご飯のレシピに困ったらChatGPTに聞いてみましょう。冷蔵庫にある材料を伝えて「レシピを教えて」と聞くと、その材料で作ることのできる料理を教えてくれます。「中華風にして」などの注文を付けることもできます。

　また、今日着ていく服に困ったら、コーディネートをお願い

■将来的には一家に一台ChatGPT?

将来的には、高齢者の話し相手として、また、見守り機能のインターフェイスとして、ChatGPTが使われるようになるかもしれません

することもできます。「自分は男性で、今日は白いオックスフォードシャツに、薄い色のデニム、黒縁の眼鏡をかけているのだけど、靴とカバンはどんなものが合いますか?」と条件を指定して聞いてみましょう。ChatGPTが、すぐに靴とカバンの色や種類、その理由まで教えてくれます。

一人暮らしの高齢者の話し相手に最適?

将来的には、ChatGPTのような生成AIが**一人暮らしの高齢者の話し相手として活躍する可能性がある**と私は考えています。日本の生涯未婚率が高くなっているので、いずれかなり多くの人が老後に一人暮らしをすることになるはずです。その時にChatGPTが話し相手になってくれ、また医療機関と連携することで**「見守り機能」として活用される可能性がある**のではないでしょうか。

KEYWORD

見守り機能……独居老人の健康状態や、生存確認などを遠隔で行える機能。IoTやAIの技術を用いて家と医療機関、自治体をつなぐことで可能になる。

Midjourney（ミッドジャーニー）……109ページ
文章から画像を作り出す人工知能プログラムの名称。また、それを開発した研究所名。アメリカ人のデザイナーであるデビッド・ホルツに率いられている。画期的な技術であるが芸術作品のコピーが問題化されている。

オンラインプラットフォーム……114ページ
Ｗｅｂ上で提供されている多種多様なサービスの基礎となっているもの。具体的には、ポータルサイト、検索エンジン、ＳＮＳなどである。既存のプラットフォームを使うと、運営会社の方針に従わざるを得ないという欠点もある。

作曲AIサービス……116ページ
テキストを入力するだけで新たな曲を作ることができるサービス。グーグルのMusicLMやＭｅｔａのMusicGenなどがある。

AIのべりすと……117ページ
人工知能による文章や小説作成アプリケーションソフト。日本のゲームクリエーターＳｔａによって開発され、２０２１年に公開された。ＡＩが創作したものの著作権は誰にあるのかといった問題やコピーと変わらないのではないかという問題が生じている。

AI BunCho（エーアイ ブンチョー）……117ページ
小説などのプロットやタイトルを提案したり、文章を創作したりする人工知能の一つ。機能としては、「タイトル生成」、「あらすじ生成」、「プロット生成」などがある。キーワードをいくつか入力すると、人工知能がそれに適したプロットやタイトルなどを作成する。

AI Text Classifer（エーアイ テキスト クラシファイア）……120ページ
人工知能が作成したテキストかどうかを判定できる、ＯｐｅｎＡＩ社が公表したツール。千字以上を入力し、４段階での判定を行い、対象となっている文章が人工知能によって作成されたものかどうかを判定する。

ディープフェイク……123ページ
深層学習（ディープラーニング）とフェイク（嘘）を組み合わせた言葉で、ＡＩを使って動画や画像、音声に嘘の情報を織り交ぜる処理技術を指す。

マルウェア……123ページ
ウィルスなど、悪意あるソフトウェアやコードのこと。マルウェアを起動したコンピュータや利用者に被害をもたらすことを目的としている。

IoT……125ページ
多種多様なモノがインターネットに繋がれ、情報交換することで相互に制御し合っているシステム。「モノのインターネット」とも呼ばれ、英語のInternet of Thingsの略語である。イギリスの技術者ケビン・アシュトンが初めて使った言葉である。

第 6 章

生成AIによって未来はどこまで変わりますか？

ChatGPTなどの生成AIは、今後さらに成長していくことでしょう。それに伴って私たちの生活も大きく変わるかもしれません。多角的な視点から生成AIが作る未来について考えてみます。

OpenAIの今後の戦略は？

イーロン・マスクら多数の人々が開発停止を要請

OpenAIが開発したChatGPTは急速に人々の関心を集め、AI開発にはますます多くの資金が流入しています。

AIの研究開発競争はこれから激化することが予想されており、マイクロソフトの検索エンジン「Bing（ビング）」とChatGPTの連携、スマートフォン向けのChatGPTアプリ、グーグルが開発しているAI「Bard（バード）」など、OpenAI以外の企業やスタートアップも続々と参入しています。

ところが、イーロン・マスクなどの企業家やAIの専門家、科学者たちは、AIの進歩が人類社会に及ぼす影響があまりにも急速に拡大し、人類がAIを制御できなくなることを危惧し、GPT-4よりもさらに強力な**AI技術の開発を一時的に停止するように求めています**。

OpenAIのCEOであるサム・アルトマンは、巨大なモデルを使った開発の段階はすでに終わり、次の段階に移行したことを示唆しています。また、**当面の間は開発を進めるつもりはない**と語っています。

AIの開発競争が進んでいけば、ある程度、その研究結果は共有されていく方向に進むと考えられます。なぜなら、一社がきわめて強力なAIを独占的に所有してしまうと、多くの分野に著しい悪影響と混乱をもたらす可能性があるからです。

ですから、今後はAIの開発と併走する形で、その**AIをいかにビジネスに活かすかという実用面での開発が続けられていく**と考えられています。

お答えしましょう！

GPT-5の開発は当面の間はしないと発表されており、今後の戦略は不透明です。

■ OpenAIの今後の戦略は？

競合他社との開発競争が激化

AI事業に続々と企業が参入して、競争が激しくなるなぁ

Microsoft

Google

スタートアップ

強力なAIの開発停止を要請

AIの急激な進化は、社会全体にリスクをもたらす可能性がある。開発を一時停止するべきだ！

OpenAIの設立に関わっていた実業家のイーロン・マスク氏をはじめとする数百名の専門家、学者らがより強力なAIの開発を停止するよう公開書簡で呼びかけました

サム・アルトマンCEOは…

大規模なモデルの開発は一段落ついて、次の段階に移行します。GPT-5の開発は現在もしていないし、予定もありません

サム・アルトマンCEO

OpenAIの今後の戦略は、現在のところ不透明です。ChatGPTがもたらす社会的影響が落ち着くまでは、GPT-5以降のモデルの開発はせず、現行のモデルをビジネスにいかに活かすかという方向に進むのではないでしょうか

KEYWORD

スタートアップ……革新的なアイデアによって短い期間で成功を収めた新興企業、新規事業。一般的にベンチャー企業よりも短期間で成功を収めた企業を指す。

AIは今後どれくらい進化する？

POINT
AIは最終的に空間把握能力と自意識を身につけるのか?

AIの研究が直近でどう進むのかは未知数

ChatGPTがリリースされた時、日本のAI研究の専門家でさえも、**まさかこんなに高性能なAIが現実に登場するとは思わなかった**と言っていました。**AGI**（汎用人工知能。データがなくても自ら判断を下すことができる人間に近い知性を持ったAI）**が実現するかも**とも。深層学習という学習法が一般的になった頃でも、AGIが実現するのはまだまだ先だろうと考えられていたのです。

ところが、ChatGPTによって大規模言語モデル（LLM）が予想以上のレベルに到達していることを見せつけられたことで、AGIの実現は遠い未来ではないのかもしれないと思う人々が確実に増えました。

大規模言語モデルの急激な進化は、学習データの増大によって引き起こされたわけですが、今後も学習データを増やしていけばAIもそれに比例して進化していくかというと、それは疑問です。

OpenAIのCEOであるサム・アルトマンが「**もうデータを巨大化したとしても、そのモデルは限界に来ている**」と発言しているように、学習データを増やしてAIを進化させるよりも、GPTのアルゴリズムを変えて改善するような方向に進む可能性があります。

このままAIの研究が進めば、いずれはAIが「空間認識能力」を身につけたり、果ては**「自意識」を身につけたりして「人格」を持つようになる未来が訪れる**、なんてこともありうるかもしれません。

お答えしましょう!

このペースで研究が進んでAIが進化すれば、AGI(汎用人工知能)が思いのほか早く実現するかもしれません。

■ AIはこれからどう進化していく?

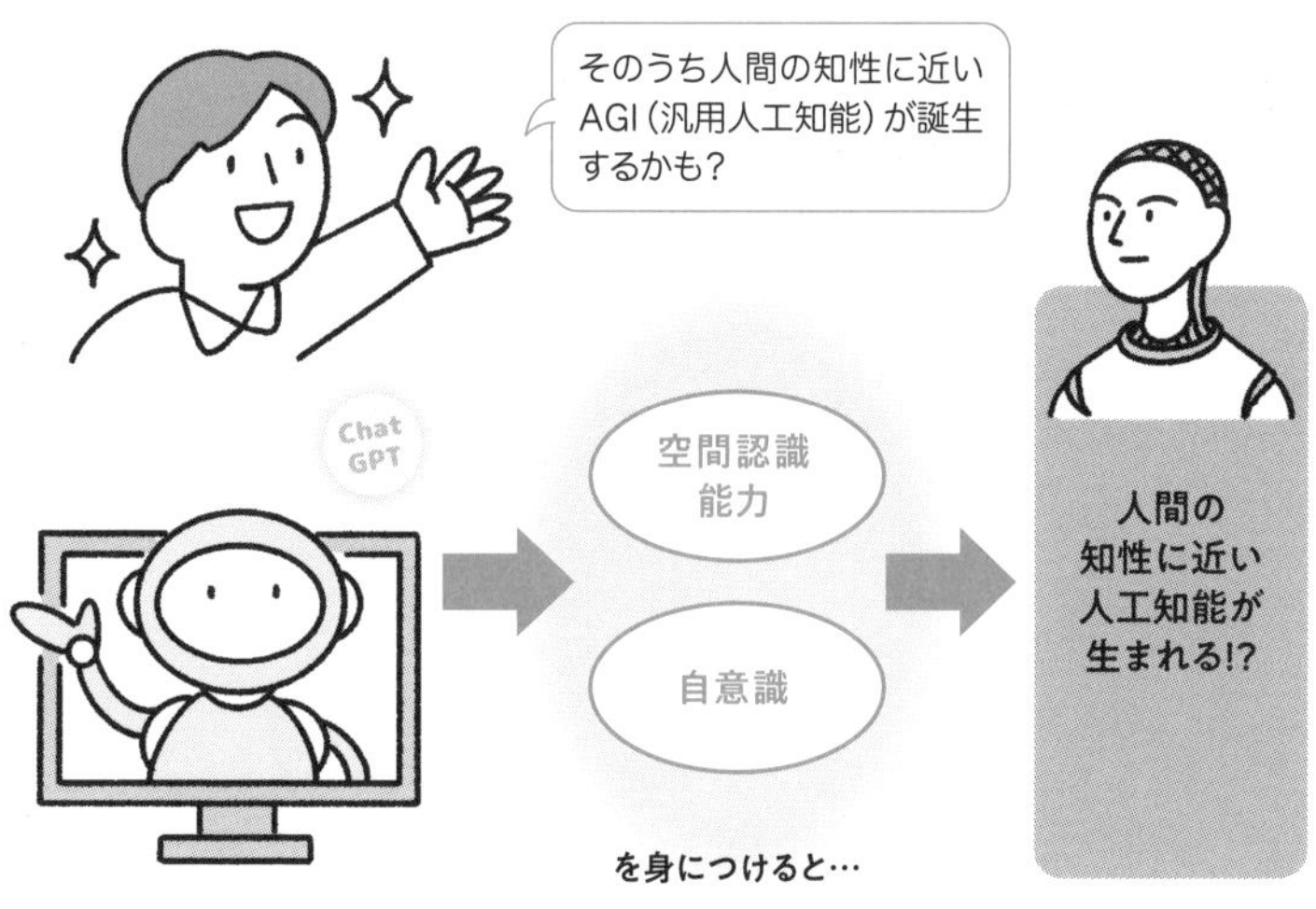

ChatGPTが今後さまざまな分野で実用されていく中で、他社との開発競争も激化し、AIの性能そのものは上がっていくはずです。まだまだ先のことと考えられていたAGIの誕生も間近に迫っているかもしれません

KEYWORD

アルゴリズム…コンピュータで問題を解決するための計算方法やある問題の答えを求めるときの手順を示したもの。

Google Bardの実力は？

お答えしましょう！

まだChatGPTに一日の長がありますが、いずれ追いつく可能性も十分にあります

■Google Bardは日本語に対応したばかり

2023年2月6日		2023年5月11日
Google Bard リリース	→	Google Bardが日本語に対応

Googleの社内からも勇み足じゃないかという声が上がるほど、急いでリリースしたようです

やっと日本語に対応したけど、ChatGPTに比べるとやや回答速度が遅く感じられる

AIブームに慌てたようにグーグルもAIをリリース

全世界でAIに熱い視線が注がれる中、マイクロソフトがいち早く100億ドル（約1兆3000億円）もの出資を決めました。

それに遅れまいと、グーグルは2023年2月6日に会話型AIサービス「**Bard**」を発表しました。これはChatGPTと同じく**AI自らが考えて答えを出す「生成AI」に分類されます**。

Bardに使われている大

POINT

ChatGPTと比べて一長一短あり、まだ発展途上

■ Google Bardが解決すべき問題

ChatGPTに追いつくには解決しないといけない問題がいろいろあるね

誤情報をどれだけ少なくするか

ヘイトスピーチを生成しないかどうか

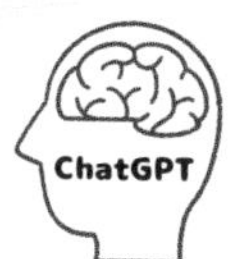

回答速度や精度をどこまで向上させられるか

規模言語モデルはLaMDA（ラムダ）で、グーグルはこれまで6年ほどAIの開発を続けてきていましたが、ChatGPTが巻き起こしたAI旋風に慌てたようにBardのリリースを決めたと言われています。グーグル社内からも、Bardのリリースは予定よりも早かったという声が上がるほどでした。

日本語に対応したばかり 実力はまだまだ未知数

実際、Bardの実力はどうかというと、2023年5月11日にようやく日本語に対応して本格的に始動したばかり。リアルタイムの情報に対応していますが、ChatGPTよりも応答速度がやや遅いと言われています。ただ、回答内容は似ており、ところどころ誤情報が含まれるのも同じです。

今後は、ChatGPTに性能も追いつくのではないかと言われています。

KEYWORD

LaMDA……2021年にグーグルが発表した対話型AIのための大規模言語モデル。グーグルのエンジニアはLaMDAが知性を持つと主張し、話題を呼んだ。

AIの進化と未来

4

Bing AIやCopilotはChatGPTより優秀ですか？

POINT

Copilotの実装でGPTのビジネス利用が簡単に

AIを組み込んだ初のPCプラットフォーム

OpenAIへの多額の出資と同時に、マイクロソフトはOpenAIのAIを自社のサービスとして提供しています。

2023年1月にはAzure OpenAI Serviceの提供が開始されました。これはマイクロソフトのプラットフォームであるAzure Serviceにて、ChatGPTなどの大規模言語モデルを利用できるようにしたものです。しかし、あくまで開発者などの一部の層に向けたサービスでした。

次に、マイクロソフトによって発表されたのはBing AIです。これは検索エンジンでありながら、AIとのチャット機能を搭載しています。**Bing AIにはGPT-4が使われており、ChatGPTの無料版より高い精度が期待できます。**また、画像や動画を使って回答できるほか、一から画像を生成することも可能です。

一方、1つのトピックで何度もやり取りができるChatGPTと異なり、20回までの回答制限があります。

さらに、同年3月に発表されたのが、Microsoft 365 Copilotです。**AIがワードの文章を生成してくれたり、エクセルの数式を生成したりしてくれます。**かつてオフィス製品に存在していたイルカ型のアシスタントの進化版と考えるとわかりやすいです。また、同年5月にはWindows Copilot for Windows 11も発表されました。ウィンドウズにもAIアシスタントがいましたが、より多岐にわたって役に立つでしょう。

お答えしましょう！

どちらもGPT4を使ったAIなので、無料版のChatGPTより精度の高い回答を得られるかもしれません。

■ Microsoft×AI 怒涛の展開

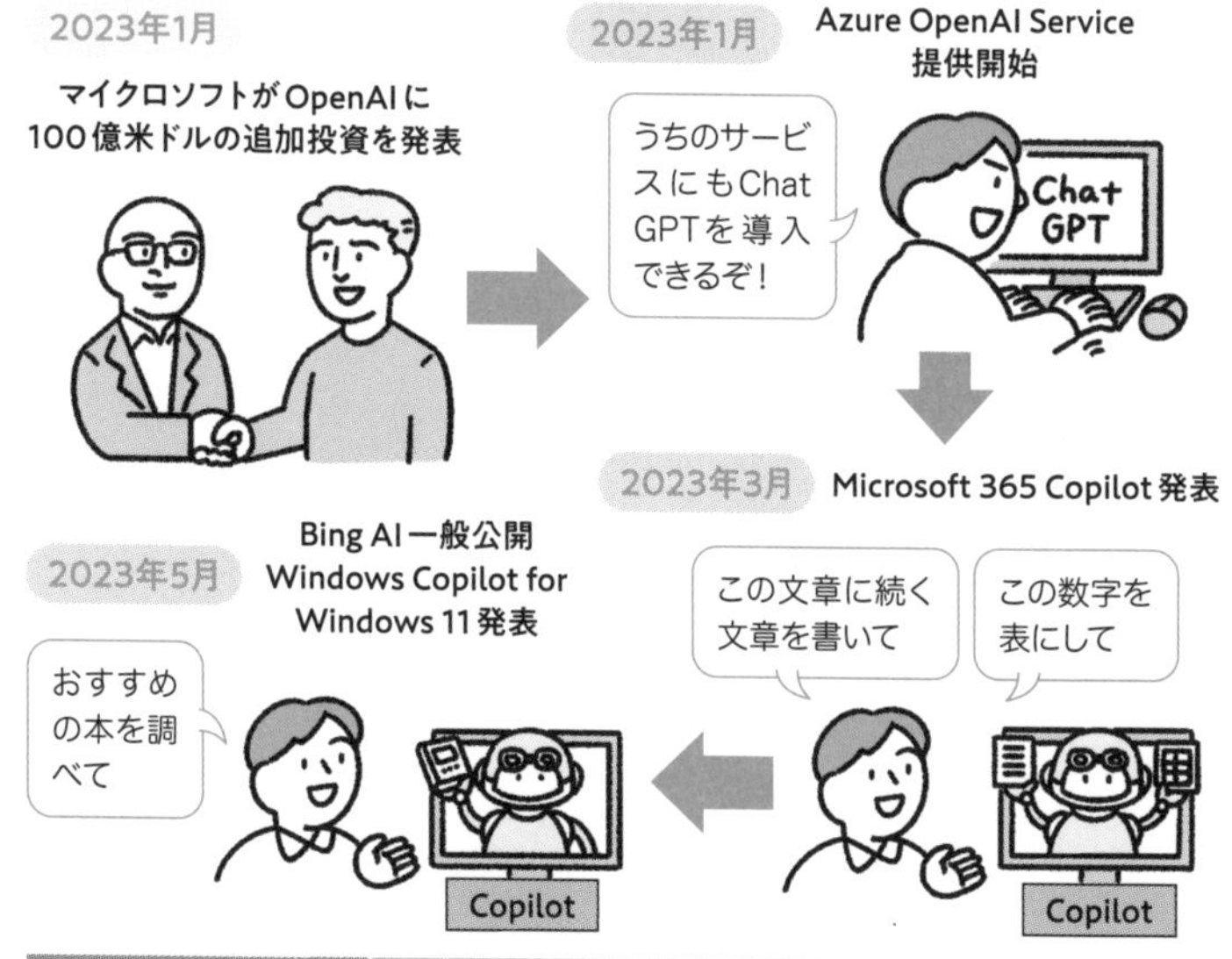

特徴	Bing AI	ChatGPT
言語モデル	GPT-4	GPT-3.5またはGPT-4
情報	最新	2021年までのデータ
回答の正確さ	数学にも強い	数学には弱い
情報源	リンクを提示	不明
料金	無料	無料または有料

KEYWORD

Copilot（コパイロット）……GitHub（ギットハブ） Copilotとも。ソフトウェア開発用のプラットフォームを保守する企業「GitHub」とOpenAIが共同開発したクラウド上で使用できるAIツール。

GAFAMは今後どうなる？どうする？

POINT
メタバースとWeb3.0の先行きは不透明だがGAFAM資本は健在

AI分野で新興企業が現われても買収される？

2020年の秋頃までは、わずか数年後にChatGPTがここまでIT分野を席巻することになるとは、誰も想像していませんでした。ChatGPTの登場前、多くの人たちが注目していたのは、メタバースとWeb3・0でした。メタバースに関しては、現在もフェイスブック（現：Meta）が巨額の資金を投入して開発を急いでいますが、将来的な姿は不透明です。Web3・0に関しては、分散型のブロックチェーンを使って中央集権的なシステムを根本的に廃止するという試みは、完全に行き詰まっているように思えます。暗号資産が流行すれば取引所が巨大化し、それが新たな「ビッグテック」になるだけかもしれないからです。

GAFAMについては、マイクロソフトがOpen AIに巨額出資を行い、グーグルはBardを発表しましたが、MetaはAI分野では完全に遅れており、アップルはハードウェアに傾注していて、アマゾンは不明という状況です。

今後、AI分野でのスタートアップが現われてGAFAMを凌駕する可能性もなくはないですが、**結局のところはGAFAMがその企業を買収する可能性も十分あります**。ですので、今後はChatGPT的な対話型AIでビジネスモデルを作れるのかどうかが、事態を左右する重要な課題になると思います。

GAFAMかどうかを問わず、**その課題を解決できた企業が、市場におけるプレゼンスを獲得できるはずです**。

お答えしましょう!

GAFAMを脅かすようなAI分野のスタートアップが現われても、GAFAMが買収するだけで終わるかもしれません。

■ GAFAMの牙城は崩れる?

メタバースとWeb3.0の先行きは?

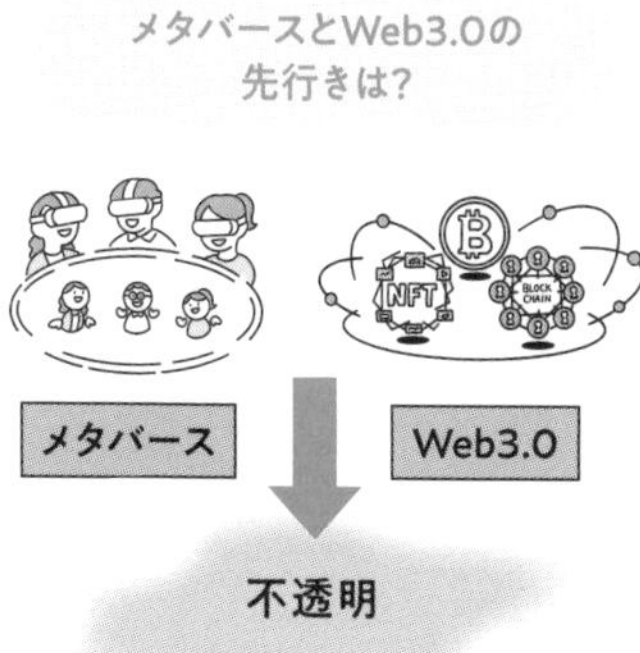

ChatGPT登場以前はこの2つに注目が集まっていたけど、今や人々の関心は完全にAIに移ってしまった…

AI分野のスタートアップがGAFAMを倒す?

AI分野のスタートアップが現われても…

有望な会社を買収すればいい

結局、巨大資本を持っているGAFAMがAI分野の企業を買収するだけかもしれない

KEYWORD

GAFAM …… 世界的な超巨大IT企業5社の総称。Google、Apple、Facebook(現:Meta)、Amazon、Microsoftの頭文字を取って作られた言葉。ビッグテックとも。

日本がAIビジネスの勝者になるには？

お答えしましょう！

プラットフォーム開発はもう手遅れですが、AIを使ったビジネスモデルの構築は可能でしょう。

■ 日本の企業はスマートフォン市場でどう戦った？

POINT

ビッグデータの分野で大幅に遅れを取りAI開発が進まなかった日本

プラットフォーム開発ではもう追いつけない

今後、日本がAIの分野で勝者となることはできるのでしょうか。結論から言うと、日本がAIの**「プラットフォーム」に参入するのは、もう完全に手遅れな状況**だと思います。

なぜなら、ChatGPTはその元になったLLMに膨大なデータを深層学習で学習させたからこそ爆発的に進化することができたのに対し、日本では個人情報保護法をはじめとして企業や政府が個人データを収集し

■ プラットフォーム開発はもう手遅れだけど…

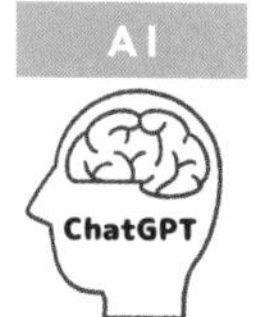

てビッグデータを構築することに対して及び腰になり、AI開発が全くといっていいほど進まないままここまで来てしまったからです。

　日本を代表する大企業であっても、現在のAI分野での遅れを取り戻してプラットフォームを作るというのは不可能な状況でしょう。

AIを使ったサービスならまだ戦える余地がある

　それでは、日本の企業にAI分野における活路はないのかというと、そうでもありません。かつてスマホの覇権をアメリカに奪われた時も、日本の企業はハードウェアとアプリの分野に進んで利益を上げました。それと同じことがAIの分野でも可能かもしれません。

　つまり、ChatGPTのような**AIプラットフォームを使ったビジネスモデルの構築**です。そこで、どうやって稼ぐのかが重要になるでしょう。

KEYWORD

ビッグデータ……人間では全体を把握することが難しいほど膨大なデータ群のこと。医療の分野における電子カルテ、会計システムなど。

ジャンル特化型のAIが生まれる？

POINT
医療や法律の分野で特化型のAIが普及し、作業が効率化される？

最新のGPT-4はすでに司法試験に合格できる

ChatGPTを利用したビジネスモデルとして、最も可能性があると思われるのが「**ジャンル特化型のAI**」です。ジャンル特化型のAIとは、ChatGPTをベースとして専門分野に特化したAIです。

現在、最も期待されているのは法律と医療のジャンルにおける特化型AIです。特に法律の分野では、2023年3月にバージョンアップされたGPT-4にアメリカの司法試験を受けさせたところ、受験者の上位10％程度の成績を出せるところまで性能が向上したことが世界に衝撃を与えました。また、GPT-3の英語の会話レベルは小学生程度だったのが、GPT-4の会話レベルは大学生レベルにまで向上したそうです。

法律の分野でAIが使われるとしたら、訴訟に必要な調査、契約書の作成、賠償金の算出などが考えられますので、弁護士の補佐をするパラリーガル（法律事務員）の仕事は、かなりの影響を被る可能性があります。

医療の分野でも、診断書、紹介状、医療保険請求書の作成、病床の割り振り、患者優先度の判定などに用いられることが想定されており、事務作業が大幅に効率化される見込みです。

また、今後さらにAIが進化し、法律や医療に関するビッグデータを学習することができれば、**人間よりも的確な判断を高速で下せるようになるかもしれません**。

そうなれば、**弁護士や医師の仕事そのものも脅かされる可能性がある**とも言われています。

お答えしましょう！

その可能性は高いでしょう。ビジネスモデルとして確立し、普及していく可能性があります。

■ ジャンル特化型AIとは？

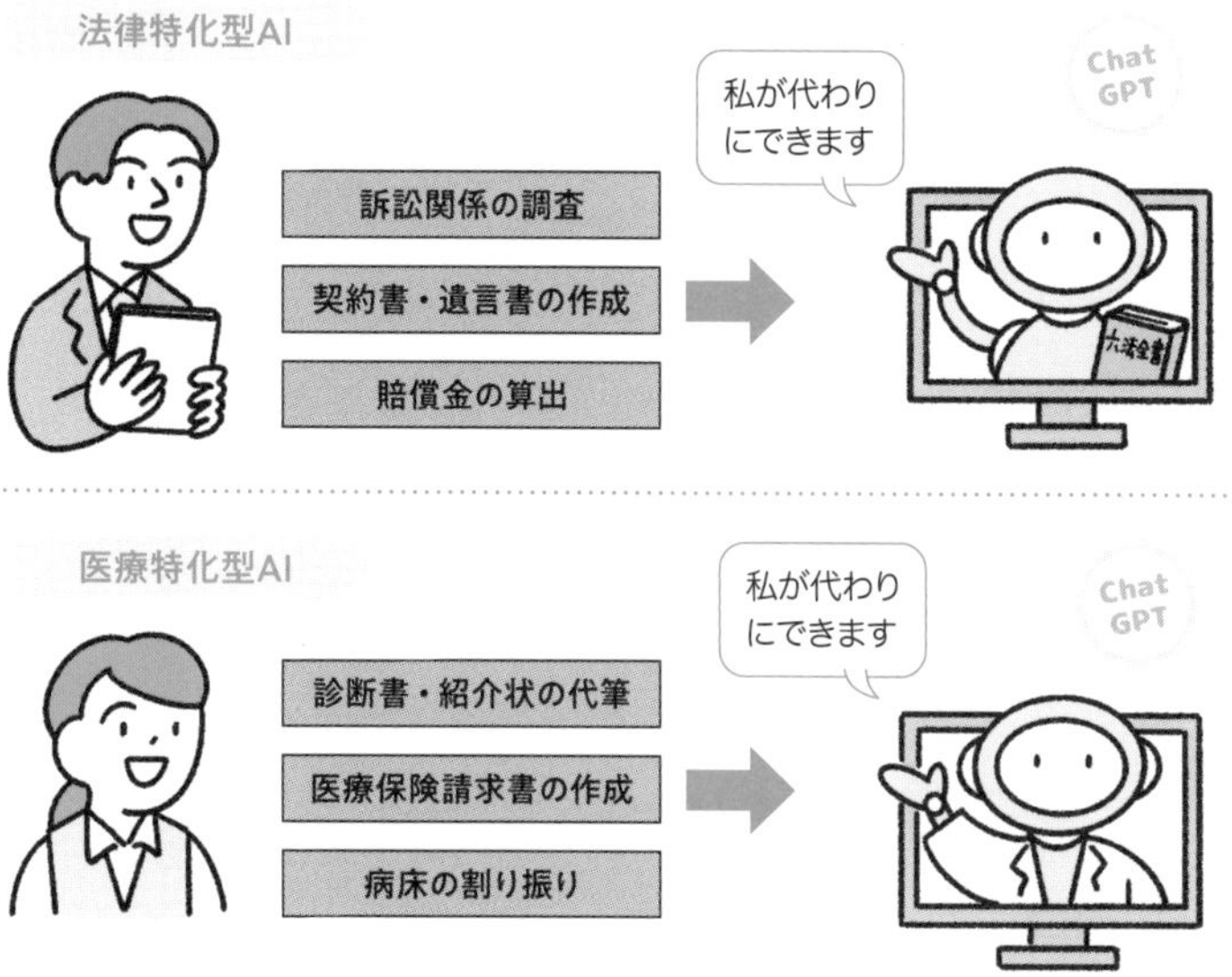

法律特化型AI

訴訟関係の調査

契約書・遺言書の作成

賠償金の算出

私が代わりにできます

Chat GPT

医療特化型AI

診断書・紹介状の代筆

医療保険請求書の作成

病床の割り振り

私が代わりにできます

Chat GPT

ChatGPTのような文章生成AIは、まずはこういった分野で普及して業務を効率化していく可能性がある！

KEYWORD

パラリーガル …… 法律事務員。調査、契約書の作成、賠償金の算出などを行い、弁護士の業務を補佐する仕事。

やがては医師や弁護士の仕事もなくなりますか？

画像分析や診断をAIに任せられる？

医療や法律分野のAIが進化していけば、いずれは医師や弁護士の仕事もAIに取って代わられるかもしれません。特に医療の世界では、AIが進化すればかなりの領域の仕事をAIに任せることができるのではないかと考えられています。

例えば、レントゲン、MRI、CTの画像の分析はAIの方が人間よりも優れた仕事をするでしょう。膨大なビッグデータを参照して判断するので、**人間の判断よりも高速かつ正確に分析できる**はずです。

また、画像以外にも、心拍、血圧、血液検査結果等の医療情報をAIに読み込ませ、かつアップルウォッチのようなバイタルサインを常時測定できるデバイスと連携すれば、膨大な量のデータをモニターして患者に適切なアドバイスや診断を下すことができるかもしれません。

ところが、AIが人間の医師と同じかそれ以上に正確な診断を下せるようになったとしても**誤診が起きる可能性はゼロではありません**し、AIの診断に基づいて誤診や医療ミスが起きた時に誰が責任を取るのかという問題があります。

前にも述べたように、AIの判断はブラックボックスなので、何をどう判断してその診断を下したのかについて現時点では突き止めることができません。**判断の根拠が不透明な存在が問題を起こしたときに、その責任を誰が取るのか**。この問題を解決できない限りは、医師や弁護士が必要なくなるほどの変化はまだ先のことでしょう。

POINT

AIによる判断に基づいて行動したときに誰が責任を持つのか

お答えしましょう！

いずれはその可能性があります。しかし、AIが下した判断の責任を誰が取るのかを明確にすることが課題です。

■ AIの進化でいずれ病院がいらなくなる？

AIが人間に取って代わりそうな領域

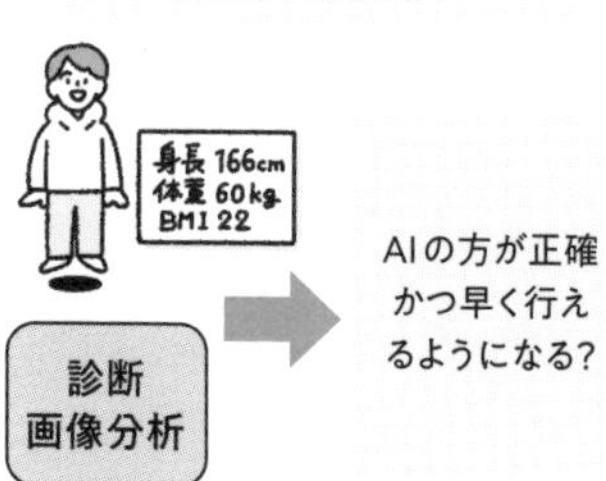

AIを実用する際の問題

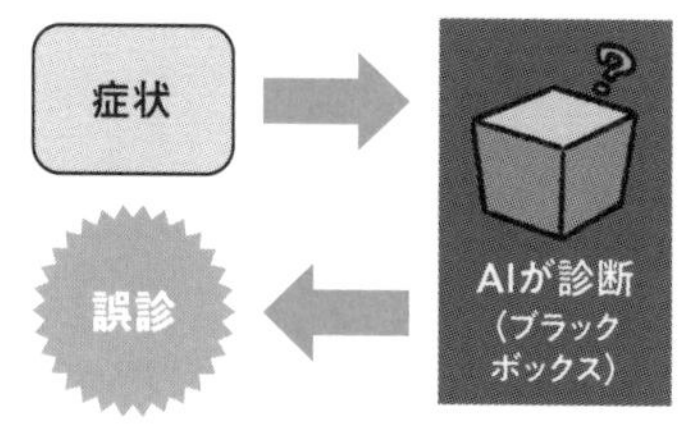

KEYWORD

バイタルサイン……脈拍、血圧、呼吸、体温の4つの情報。それらの数値とその推移を分析することで、その人のある程度の健康状態がわかる。

学校教育はどう変わりますか？

POINT

現状ではAIによるレポートや感想文の作成が規制されつつある

ChatGPTがあることを前提とした教育になる

ChatGPTが普及することで、教育はどのように変わっていくのでしょうか。

2023年5月時点では、文部科学省は対話型AIに詳しい有識者から意見を聞き、今後に向けて教育現場におけるメリットとデメリットを取りまとめようとしています。

直近では、ChatGPTを感想文やレポートなどに悪用したり、AIが生成した文章に他人の権利を侵害する内容が含まれたりするケースを懸念して、AIが自動生成した文章を教育現場では規制する方向に進んでいるように見受けられます。

しかし、今後もAIが急激に進化し、普及していった場合、教育はどのように変わっていくのでしょうか。まず、ChatGPTのような生成AIの存在があるということを前提とした教育に変わっていくことが予想されます。つまり、これまでの**「暗記重視」から「コミュニケーション重視」「ディスカッション重視」の教育**です。

AIが今後も普及していくならば、人間が暗記をする意義はどんどん薄まっていくでしょう。なぜなら、知りたいことがあればAIに聞けばわかるわけですから、むしろ人間は暗記以外のことに脳のリソースを割く方がいいからです。

したがって、知識を増やすよりも、その知識を前提として思考能力を高めるような教育、あるいはその人の世界観や価値観などの**「人間らしさ」に重点を置いた教育へと変化していく**ことが考えられます。

お答えしましょう!

暗記重視からコミュニケーション、思考力、人間らしさ重視の教育へと変わっていくと思われます。

■ ChatGPTの登場で教育はどう変わる?

人間が暗記に労力を割く意味がなくなる?

AIのほうが情報を覚えるのも思い出すのも得意なので、人間が暗記をする意義が薄れていく可能性があります

ディスカッションや人間らしさ重視の教育に?

議論をして論理的思考力を鍛えよう

AIにはない人間らしさを追求しないと

私はあなたと違って、こう思うわ

ChatGPTがあるという前提で考えると、教育は次第に暗記重視からディスカッションや人間らしさ重視の教育へと変わっていくことが予想されます

KEYWORD

ディスカッション …… 討論、議論。あらかじめ決められたテーマについて、複数の参加者の間で話し合うこと。賛成と反対に分かれて意見を交わすことも。

いろいろなアイデアが誰でも実現できるようになる？

実現できるようになると思いますが、人間の手でオリジナリティを加える必要があるでしょう。

■ AIに創作物は作れるが、クリエイターは作れない

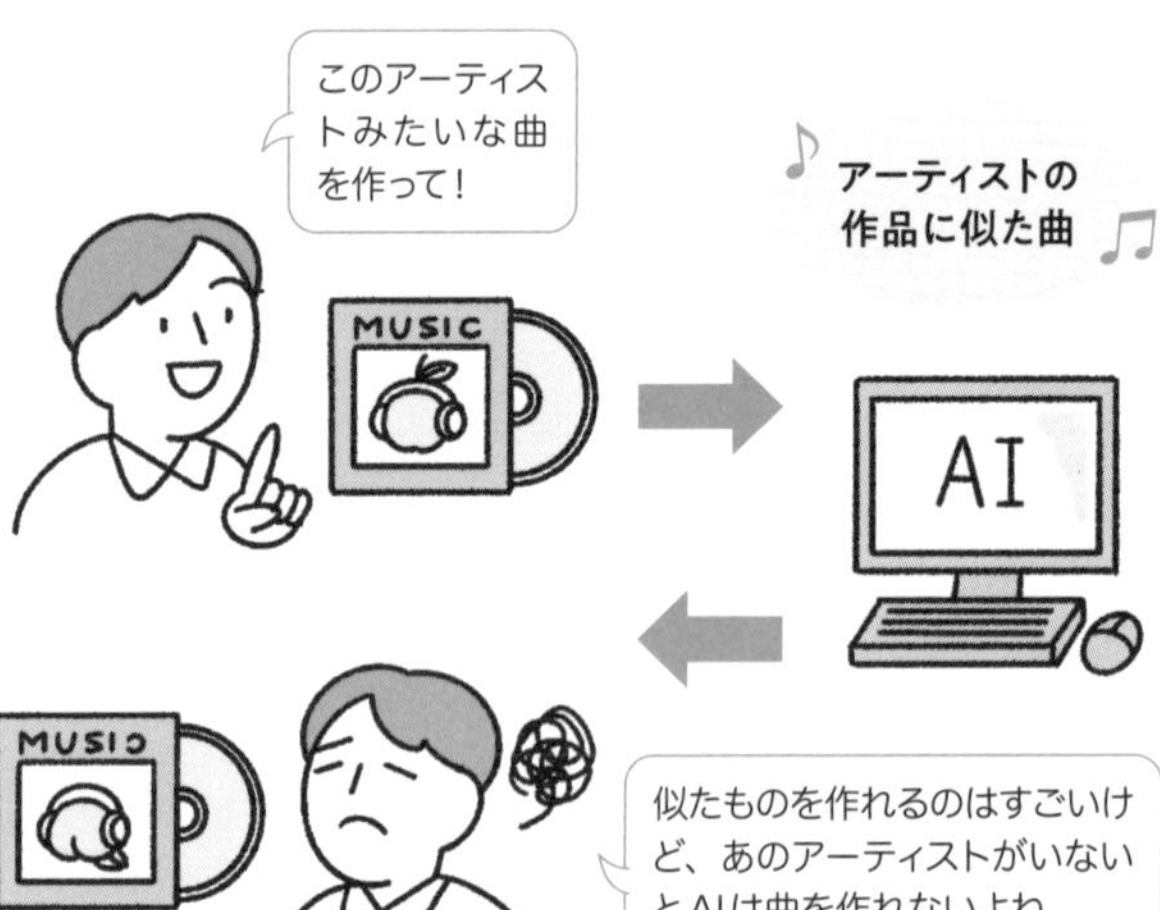

希望通りのものができるかはプロンプト次第？

生成ＡＩの普及によって、**人間が考えたアイデアを作品にすることが容易になるのではないか**と考えられています。

人間がStable Diffusion（ステイブル ディフュージョン）のようなＡＩに指示を出したら絵ができてしまうといったようなことは、少し前には考えられないような進歩です。ただし、現状ではこちらのイメージを正確に伝えるためにはプロンプトエンジニアリング（101ページ参照）が必要になります。

POINT
AIの生成物にオリジナリティを付与できるかどうかがカギ

■ AIが作ったものにオリジナリティを付け加える

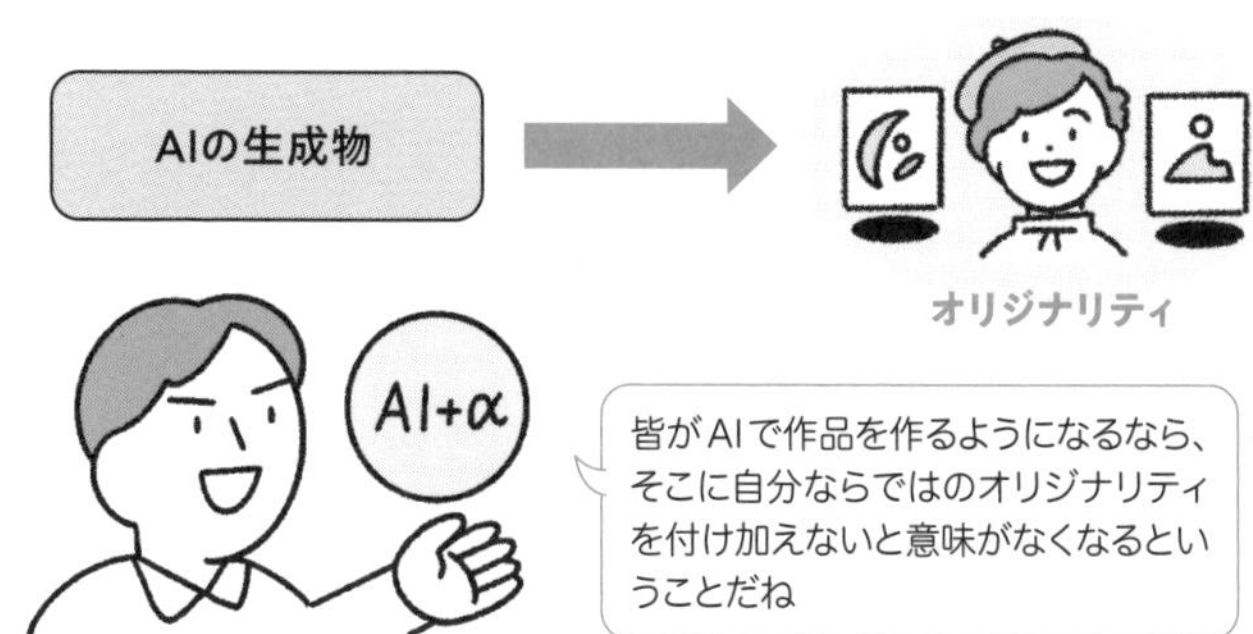

AIの創作物に人間が独自性を加える？

それでは、未来は人間の画家も、音楽家も、小説家も必要がないかというとそれは疑問です。なぜなら、AIはバッハの曲を学習してバッハのような作品を作ることができますが、「バッハそのもの」を作ることはできません。

つまり、バッハのような人間がいてその作品があったからこそ、AIはそれを学ぶことができるのであって、未来の音楽界でも人間のアーティストがいるからこそ、AIがそこから学べるのではないかと思います。

そして、誰もがAIで曲を作れてしまうなら、1ミリだけでもオリジナルの要素を付け加えないと、作品としての価値が生まれません。ただし、**オリジナル要素を付け加えることができるのは今のところ人間にしかできないと考えられていますが、将来的には未知数**です。

KEYWORD
Stable Diffusion……ドイツの研究グループが開発した画像生成AI。テキストで指示を出すと、その指示に従って画像を生成する。

将来、AIが人間に取って代わることはありますか？

POINT

「人間にしかできないこと」という幻想が破られる可能性がある

人間とは何かについて各自が問いかけるべき

AIが進化を続けていけば、**AIが人間の知能に取って代わることはありうると思います。**個人的な話をすると、私の仕事の一つに多くの参考文献を読んで情報収集を行い、その内容を1冊の本として書くというものがあります。もちろん、そこには少しでも「自分独自の考え」を盛り込むようにしていますが、この「自分独自の考え」もいずれ未来のAIは人間の代わりに付け加えることができるようになるかもしれません。

現時点では、ある対象Aと別の対象Bとを結びつけて、その二つの対象の共通点を見つけて論じたりすることは人間にしかできません。ところが、いずれはAIにもできるようになるかもしれないのです。つまり、人間独自のものと思われているオリジナリティですら、AIが獲得する可能性があるのです。

それでは、介護の現場のような、人と人との触れあいが重視される仕事ならどうかというと、高齢者を慰めたり元気づけたりする仕事も、未来のAIなら代替できてしまうかもしれません。会社でやる気がなかなか湧かない部下にやる気を出させるトークができるのは人間だけだと思うかもしれませんが、そんなトークも未来のAIには可能になってしまうかもしれません。そうなると、私たち人間の存在意義とは何なのか、わからなくなる可能性があります。

私たちは、今からその時にそなえ、**「人間とは何か」という課題について話し合っておくべき**なのかもしれません。

お答えしましょう！

人間にしかできないと思われてきたことが、未来のAIにはできてしまうようになる可能性はあります。

■ AIは人間にとって代わるのか？

これまで「人間にしかできない」と思われてきたことですら、未来のAIはできるようになっているかもしれません。そうなったときに、私たち人間にはどんな存在意義があるのか、人間とは何なのか、どうあるべきなのかについて、今から考えておく必要があります

KEYWORD

オリジナリティ …… 独自性。商品、サービス、制作物、著作物、思想などにおいて、特定のものにしか存在しない独自の価値。

テクノロジーの進化は今後も止まらない？

圧倒的なゲームチェンジが起きる!?

テクノロジーの進化は今後も止まらないでしょう。以前、ChatGPTのGPTという言葉はGenerative Pre-trained Transformerの略だという話をしましたが、GPTには他の略語もあります。

それは、General Purpose Technologyです。日本語に訳すなら「**汎用目的技術**」。これは、狩猟採集しかしていなかった人類が手に入れた農耕技術、馬しか陸上移動手段を持たなかった人類が手に入れた蒸気機関、そして、紙の媒体しか持たなかった人類が手に入れたインターネットなど、私たちの生活を一変させるような技術のことです。

ChatGPTも、私たちの生活が**それ以前とそれ以後では一線を画す技術になる可能性を秘めています。**

ところが、その技術によって私たちの生活がどう変わるかをイメージするのは困難です。スマホが登場したときも、最初のうち大半の人は「へえー、便利だね」くらいにしか思っていませんでした。スマホのもたらす影響を正確に予測できた人は少なかったはずです。

ChatGPTをはじめとする生成AIも私たちの生活をこれから確実に変えていくことになりますが、その劇的な変化に気づくのは普及率が4～5割を超えたくらいの頃だと思います。来たるべきAI時代にそなえ、今から**AIが私たちの生活をどんな風に変えるのかについて、1人ひとりが考えるべき時が来ている**と思います。

POINT

AIはインターネットがもたらした変化以上のものをもたらす?

お答えしましょう!

止まることはないでしょう。しかし、その進化によって社会がどう変わっていくかを予測するのは非常に困難です。

■ ChatGPTは私たちの生き方をどう変えるのか?

インターネット

電力

AI

コンピュータ

AIは、これまでのITのように私たちの生活をそれ以前とそれ以後では全く異なるものに変える力を持っていると思います

GPT
(汎用目的技術)

蒸気機関

KEYWORD

GPT(汎用目的技術)…… さまざまな用途に使うことができ、人類の社会・産業・経済の構造に変化をもたらす技術。蒸気機関、電力、コンピュータ、インターネットなど。

Bing ……128ページ
マイクロソフトの検索サービス。Microsoft edgeに採用されている。検索エンジンとしての世界でのシェアは３％程度とまだ高くはないが、検索する期間を設定できるといった機能があり、動画サムネイルが大きいといった点も特徴となっている。

Azure OpenAI Service ……134ページ
ＯｐｅｎＡＩ社のＡＩの強力な言語モデルをＷｅｂシステム上で使用できるマイクロソフトのサービス。多様なＡＩモデルとツールが備えられ、導入が容易であり、セキュリティが強力であるといったメリットがある点が注目されている。

Azure Service ……134ページ
マイクロソフトが管理しているクラウドコンピュータサービス。ＡＩによる学習機能、ユーザー保護、クラウド用アプリの作成といったサービスを提供している。マイクロソフトの持つ巨大なネットワークが使用でき、安全性に優れているといった利点がある。

Microsoft 365 Copilot ……134ページ
マイクロソフトが２０２３年3月に発表した人工知能搭載型の業務支援システム。資料の収集、分類、分析などをＡＩが全面的にサポートしてくれる。チャット形式で必要な情報を効率的に素早く引き出すことができる。

Windows Copilot for Windows11 ……134ページ
ウィンドウズ11のための対話型新機能。自然言語を使って、コンピュータが可能な様々なタスクを操作することが可能である。この機能はＡＩが単にコマンドに答えるのではなく、ＡＩがユーザーの最終的に行いたいことを判断し、実現することができる。

メタバース ……136ページ
コンピュータ上で構築される3次元の仮想空間と、そうした仮想空間を提供するサービス。ユーザーはアバターと呼ばれる自分自身の分身となってメタスペースに参加することができる。ゲーム、音楽ライブといったものに利用されている。

Web3.0 ……136ページ
次世代の型として提唱されている分散型インターネット。データ保護、プライバシー、他者が簡単にアクセスできないといった点を評価する声がある一方で、少数の富裕層への利益集中に拍車をかけるといった懸念の声もある。

Stable Diffusion ……146ページ
画像生成ＡＩの一つで、ミュンヘン大学のCompVisグループが開発したディープラーニングシステムモデルである。入力されたテキストを基にしてＡＩが画像を制作する。また、このプログラムは無料で世界中に公開されている。

General Purpose Technology ……150ページ
汎用目的技術を示す英語。ＧＰＴという略字が用いられる。ＧＰＴは世界経済全体に大きな影響を及ぼす可能性の高い技術のことである。ＧＰＴの例としては、蒸気機関、鉄道、電力、自動車、コンピュータ、インターネットなどを挙げることができる。

おわりに

ChatGPTと毎日のように対話をしていると、さまざまな気づきがあります。このような**「気づき」を人間に引き出させることが、実はChatGPTの最大の存在意義なのかもしれません**。半年以上もChatGPTを使い続けてみて、私はそんな思いを抱くようになりました。

テクノロジーの話から外れますが、古代ギリシャの哲学者ソクラテスは、対話の重要性を説いたことで知られています。

はっきり答えがわからないような課題があったとして、自分の頭の中でただ考えをめぐらせているだけでは、光はいっこうに見えてきません。そこで誰かと会って、その課題についての質問を投げかけてみるのが良い、とソクラテスは言っています。質問して、それに回答してもらう。そういう対話を繰り返すことで、自分では思いもつかなかったような新たな「気づき」が得られ、その「気づき」もまた対話しながら吟味することで、答えに向かって進むことができる。それが、対話の素晴らしい価値であると、ソクラテスは考えたのです。

これは、私たち現代人の日常の思考にも当てはまるでしょう。自分の頭の中だけで思考をめぐらせていると、袋小路にはまり込んでしまって抜け出せなくなる、ということは誰しも経験しているのではないでしょうか。そういう時に同僚や家族や友人をつかまえて、ブレインストーミングのような会話をしてみると、相手の発言から思わぬ気づきを得たり、自分の思考から抜け落ちていた部分を補ってくれたりして、思考の突破口を得る時があります。

このときに大事なのは、漫然と対話するのではなく、**創造的で具体的かつわかりやすい言葉で質問すること**です。

そのような質問の能力を磨くために、ChatGPTは素晴らしい教師になってくれます。対話の相手になってくれる同僚や友人が見つからないときでも、ChatGPTならいつでも相手をしてくれ、そして長々と対話を続けても、嫌がったりしません。飽きることなく対応し続けてくれます。

歴史を振り返れば、近代の文化は孤独な思考によって磨かれてきました。書籍を黙読し、声に出さずに頭の中でひとり考えることによって、さまざまな芸術や文化、テクノロジーやイノベーションが生み出されてきたのです。しかし、ＣｈａｔＧＰＴの誕生と進化によって、これからの未来では「孤独な思考」ではなく**「ＣｈａｔＧＰＴとの有意義な対話」が新たな文化やテクノロジーを生み出すエンジンになっていく**のかもしれません。これは、大変ワクワクする未来ではないでしょうか。

まだ、ＣｈａｔＧＰＴは進化のスタート地点に立ったばかりです。これからさらに進化し、私たちとのあいだでもっと豊かで情感たっぷりな会話を繰り広げられるようになっていくでしょう。

その先の未来が、本当に楽しみです。

佐々木俊尚

な行

は行

ま行

や行

ら行

索引

欧文

あ行

●参考文献

『先読み！IT ×ビジネス講座 ChatGPT 対話型 AI が生み出す未来』古川渉一、酒井麻里子（著）／インプレス

『ChatGPT 120%活用術』ChatGPT ビジネス研究会（著）／宝島社

●参照URL

● NewsPicks
https://newspicks.com/news/8179916/body/
● インプレス
https://pc.watch.impress.co.jp/docs/news/1492628.html
● ダイヤモンド・オンライン
https://diamond.jp/articles/-/320902?page=5
● 千葉大学大学院医学研究院・医学部
http://www.ortho.m.chiba-u.jp/research_tips/4709
● 日経 COMEMO
https://comemo.nikkei.com/n/nf3132b57539c
● 日本経済新聞
https://www.nikkei.com/article/DGXZQOUA062FS0W3A400C2000000/
● 文春オンライン
https://bunshun.jp/articles/-/61115
https://bunshun.jp/articles/-/61116

●スタッフ

編集協力：齊藤健太（株式会社ファミリーマガジン）、苅部祐彦
カバー・本文イラスト：長野美里
写真：中島聡美
本文・カバーデザイン：山之口正和＋齋藤友貴（OKIKATA）
DTP：山下真理子（株式会社ファミリーマガジン）
校正：玄冬書林

監修者：佐々木俊尚（ささき・としなお）

1961年生まれ。早稲田大学政治経済学部中退。作家・ジャーナリスト。毎日新聞社などを経て2003年に独立し、テクノロジーから政治、経済、社会、ライフスタイルにいたるまで幅広く取材・執筆している。『現代病「集中できない」を知力に変える 読む力 最新スキル大全』（東洋経済新報社）、『Web3とメタバースは人間を自由にするか』（KADOKAWA）、『広く弱くつながって生きる』（幻冬舎新書）など著書多数。総務省情報通信白書編集委員。

AIの未来からビジネス活用術まで

ChatGPTについて 佐々木俊尚先生に聞いてみた

2023年8月22日　第1刷発行

監修者　佐々木俊尚
発行人　土屋　徹
編集人　滝口勝弘
編集担当　神山光伸
発行所　株式会社Gakken
〒141-8416 東京都品川区西五反田 2-11-8
印刷所　中央精版印刷株式会社

●この本に関する各種お問い合わせ先
・本の内容については、下記サイトのお問い合わせフォームよりお願いします。
https://www.corp-gakken.co.jp/contact/
・在庫については　Tel 03-6431-1201（販売部）
・不良品（落丁、乱丁）については　Tel 0570-000577
学研業務センター　〒354-0045 埼玉県入間郡三芳町上富 279-1
・上記以外のお問い合わせは　Tel 0570-056-710（学研グループ総合案内）

学研グループの書籍・雑誌についての新刊情報・詳細情報は、下記をご覧ください。
学研出版サイト　https://hon.gakken.jp/